MW00910590

DIOS, ¿ESTÁS AHÍ?

KAY ARTHUR

EDITORIAL
Vida

DEDICADOS A LA EXCELENCIA

EDITORIAL VIDA es un ministerio misionero internacional cuyo propósito es proporcionar los recursos necesarios para evangelizar con las buenas nuevas de Jesucristo, hacer discípulos y preparar para el ministerio al mayor número de personas en el menor tiempo posible.

ISBN 0-8297-0459
Categoría: Estudios bíblicos

Este libro fue publicado en inglés
con el título *God are You there?*
por Harvest House Publishers

© 1994 por Ministerios Precepto

Traducido por Irene Cudich

Edición en idioma español
© 1995 EDITORIAL VIDA
Deerfield, Florida 33442-8134

Reservados todos los derechos

Índice

Apéndice

Dedicatoria

Ministrando éstos al Señor, y ayunando, dijo el Espíritu Santo: "Apartadme a Bernabé y a Saulo para la obra a que os he llamado" (Hechos 13:2).

Si algo sé acerca de los cursos y libros que el Señor me ha llamado a escribir, es que este libro en particular ha sido el resultado de una carga que el Espíritu Santo colocó en el corazón de varias mujeres consagradas que confirmaron la silenciosa pero pesada carga de mi propio corazón.

Mi carga consistía en escribir un libro de estudio sencillo y conciso que pudiera estar al alcance de todas las personas del mundo, para que vieran y conocieran por sus propios medios qué dice la Palabra acerca de Dios y de ellos mismos. Quise escribir un libro que comprobara que Dios está allí, que se ocupa y que sabe todo acerca de nosotros y que, a la vez, fuera un libro que capacitara para el estudio inductivo, que les permitiera a los lectores estudiar cualquier otro libro de la Biblia utilizando esas mismas habilidades. De ese modo, sabía que si en alguna ocasión estas queridas personas tuvieran o no el beneficio de que otra persona les enseñara la Palabra de Dios, siempre podrían alimentarse por sí mismas. Y puesto que la Palabra de Dios vive y permanece para siempre, los que aprendan estas habilidades estarán capacitados para enseñar a otros a hacer lo mismo.

Ésa era mi carga . . . y por lo tanto oré: "Señor, si ésta es la carga que me impones, confírmalo a los líderes del grupo *AD 2000 Women's Track.*"

¿Por qué esa oración? Porque Dios me ha permitido por su gracia formar parte de *AD 2000 International Women's Track,* un maravilloso grupo de mujeres líderes, provenientes de diversos ministerios y denominaciones de todo el mundo que comparten la carga de más de dos mil millones de personas que viven y mueren sin haber escuchado nunca el mensaje de vida en Jesucristo. A través de la oración y de todo otro medio que provee el Señor, estas mujeres desean llegar, en el año 2000, al último rincón de la tierra con las gloriosas nuevas del evangelio. Lorry Lutz es la coordinadora internacional de este grupo y Evelyn Christenson, junto con Kathryn Grant son presidentas en la región de Norteamérica.

Al trabajar y orar junto a este consagrado grupo de mujeres, ayudando a Evelyn a producir videos instructivos que sirvieran de respaldo a su poderoso libro, A *Study Guide for Evangelism Praying* (Una guía de estudio para la oración de evangelización), aprendí que hay dos cosas que todo hijo de Dios necesita: la oración y la Palabra. No hice ningún comentario sobre mi carga personal, pero oré.

Fueron Evelyn y Kathryn, inspiradas en sus oraciones por el Espíritu Santo, quienes me pidieron que escribiera este libro, un libro que no sólo enseñara a las personas cómo estudiar la Palabra de Dios, sino que también explicara el quién, el qué, el cuándo, el dónde, el porqué y el cómo de la Biblia en sí. A Kathryn y Evelyn este libro les pareció que era un buen complemento del libro tan popular y traducido a varios idiomas que acabo de mencionar: A *Study Guide for Evangelism Praying* [Una guía de estudio para la oración de evangelización], escrito por Evelyn Christenson para el grupo *AD 2000 Women's Track*. De este modo, con la adición de *Dios, ¿estás ahí?*, se cubrirán dos aspectos esenciales de la vida cristiana: la oración y la Palabra de Dios.

Por ello, con la mayor gratitud y gozo deseo dedicar este libro a Kathryn y Evelyn, mis devotas mentores, por su sensibilidad en la búsqueda de la voluntad del Espíritu Santo de Dios, y a las maravillosas mujeres del *AD 2000 International Women's Track*, tanto de Norteamérica como de todo el mundo, quienes, en conjunto, están comprometidas no sólo a ser mujeres de Dios en esta crítica era pos cristiana, sino también a hacer llegar sus enseñanzas a todo el mundo.

Nacido de una oración, espero que este libro sea inspirado por el Espíritu Santo para lograr la voluntad del Padre.

La sierva de Dios . . . y de usted,

Kay Arthur

Respuestas a sus preguntas

Dios, ¿cómo eres?

¿Quién eres?

¿Existes?

¿Te preocupas por mí?

Dios, ¿por lo menos conoces algo de mí?

¿Alguna vez le han pasado por la mente pensamientos así? ¿Alguna vez se preguntó quién es y cómo es Dios? ¿O si tal vez existe?

De ser así, no tome estos pensamientos a la ligera, pues son importantes. El sólo hecho de que piense en ello tiene un significado. Quiere decir que Dios lo está atrayendo hacia Él y que quiere que usted conozca su verdad.

¿Cómo lo sé? Porque conozco a Dios. Y quiero que usted también tenga la oportunidad de conocerlo y de encontrar las respuestas de Dios a sus preguntas.

Para ello, hay un único lugar al cual recurrir. Si desea encontrar la verdad acerca de Dios y de lo que Él dice, debe leer la Biblia.

¿CÓMO PUEDO CONOCER EN REALIDAD LA VERDAD ACERCA DE DIOS?

Las personas pueden decirle que Dios existe y que Él sabe de su existencia y se ocupa de usted, pero, ¿cómo puede usted saber si lo que le dicen es cierto? Tal vez se trate sólo de algo que piensen o "sientan" que es cierto.

¿Y si esos pensamientos y sentimientos están distorsionados o incluso equivocados? Después de todo, son seres humanos, y todos los seres humanos no piensan ni sienten del mismo modo. A veces están en lo cierto y a veces no.

Entonces, si los seres humanos pueden equivocarse, ¿dónde puede recurrir para encontrar la verdad acerca de Dios y estar absolutamente seguro de que se trata de la verdad? A un único lugar. Al único libro que afirma ser, y ha demostrado ser, la Palabra de Dios: la Biblia.

¿PUEDE DIOS DARLE PROPÓSITO Y SIGNIFICADO A SU VIDA?

¿Qué sucedería si Dios le pudiera dar un propósito y un significado a su vida, aunque usted o alguna otra persona la hayan malogrado? ¿Y qué ocurriría si Él le pudiera demostrar cómo vivir, cualquiera sea su situación o circunstancia? Y, ¿qué si Él le hubiera prometido amarlo, ocuparse de usted y otorgarle el maravilloso don de la vida eterna para que pueda saber con certeza que en el momento mismo de su muerte se encontrará ante la presencia de Dios para vivir con Él y su amado Hijo por siempre jamás?

Seguramente usted desearía saber cómo llegar a tener ese tipo de relación con Dios, un Dios que se preocupa tanto por usted, quienquiera que sea, dondequiera que esté, ¿no es cierto?

Bueno, estimado lector, sobre eso trata este libro. Ha sido diseñado para ayudarle a conocer y comprender la Biblia de modo tal que usted pueda ver con sus propios ojos qué dice acerca de Dios, qué dice acerca de usted y qué dice acerca de formar parte de la familia de Dios.

¿QUIÉN ESCRIBIÓ LA BIBLIA?

La Biblia es un libro que sostiene que es diferente de cualquier otro libro que haya existido. Es diferente porque es la propia Palabra de Dios, inspirada por Dios. *Inspirada* significa que los hombres escribieron lo que Dios quería que ellos escribieran. De hecho, la palabra *inspirada* significa "con el aliento de Dios".

Por cierto, permítanme citar lo que dice la Biblia sobre sí misma:

Toda la Escritura es inspirada por Dios, y útil para enseñar, para redargüir, para corregir, para instruir en justicia, a fin de que el hombre de Dios sea perfecto, enteramente preparado para toda buena obra (2 Timoteo 3:16-17).

En este versículo, Dios nos está diciendo que la Biblia provino de Él y que nos enseña en qué creer y cómo vivir. (*Instruir en justicia* significa vivir conforme a cómo Dios dice que debemos vivir). La Biblia también nos muestra dónde nos equivocamos (ese es el significado de *redargüir*). ¡Pero no nos dice sólo eso!

La Biblia nos dice cómo hacer para convertir en correcto lo

incorrecto. Lo que está mal puede corregirse, dice la Biblia, si escuchamos a Dios y obedecemos su Palabra. ¿No es eso alentador? Además, la Biblia nos dice cómo vivir para que sepamos como enfrentar cada una de las situaciones que se nos presentan en la vida.

Poco antes de que Jesucristo muriera en la cruz por los pecados de la humanidad, Él oró por todas las personas que creerían en Él. En esa oración pidió que Dios "santificara" a cada uno de los creyentes. *Santificar* significa "apartar", de modo que Jesús estaba pidiendo que cada creyente fuera apartado por Dios y para Dios.

Luego, Jesús nos dijo cómo Dios nos apartaría. Dijo: "Santifícalos en tu verdad; tu palabra es verdad" (Juan 17:17). Jesús dijo que la Palabra de Dios es la verdad. Por lo tanto, cuando usted conozca la verdad (la Biblia) y viva conforme a lo que allí se expresa, será diferente del resto del mundo. ¡El hecho de obedecer la verdad de Dios lo aparta para Dios!

Por lo tanto, usted debe saber qué es la Biblia y qué es lo que dice. Y para comprender qué dice, debe saber cómo leerla y estudiarla por cuenta propia. Este libro le ayudará a aprender cómo hacerlo.

Se sentirá muy entusiasmado por lo que lea, pero debe recordar que tiene que ser muy disciplinado. La disciplina nunca es algo sencillo, pero en este caso vale la pena, puesto que es una cuestión de vida, de una vida al mejor nivel.

Ahora bien, continuemos con la siguiente pregunta lógica:

¿QUÉ ES LA BIBLIA?

La Biblia, que sostiene ser la Palabra de Dios, es un libro compuesto por sesenta y seis libros diferentes. Estos sesenta y seis libros fueron escritos por más de cuarenta hombres durante un período de entre mil cuatrocientos y mil ochocientos años. Estos hombres recibieron la inspiración de Dios para escribir esos libros de tal manera que nos dicen exactamente lo que Dios quiere que conozcamos y creamos.

La Biblia está dividida en dos secciones principales. La primera parte se denomina el Antiguo Testamento y la segunda, el Nuevo Testamento.

El Antiguo Testamento

El Antiguo Testamento nos habla de cómo Dios creó el mundo, de cómo creó a la humanidad y de cómo el primer hombre y la primera mujer desobedecieron a Dios. Eva prefirió escuchar a Satanás y no a

Dios y comió el fruto prohibido. Eva le dio el fruto a Adán, quien desobedeció a Dios y también comió de él. Como resultado de esta desobediencia, el género humano llegó a tener grandes problemas (Dios los denomina *pecados*). Pero gracias al gran amor de Dios, Él nos abrió un camino para ser restaurados, para volver a ser sus amigos y tener una relación personal con Él. El Antiguo Testamento nos dice que Dios hizo que eso fuera posible.

La mayor parte del Antiguo Testamento se centra en la historia de la nación de Israel, porque ésa es la nación que Dios eligió de una manera especial para cumplir sus propósitos. Israel sigue existiendo en la actualidad debido a las promesas que Dios le hizo a esa nación en ese entonces.

Originalmente, el Antiguo Testamento fue escrito en dos idiomas: hebreo y arameo. Este último es un idioma semita muy relacionado con el hebreo. En su mayor parte, está escrito en hebreo, el idioma que hablan los judíos, el pueblo y la nación que Dios eligió.

El Antiguo Testamento, que está compuesto por treinta y nueve libros, fue escrito y completado casi cuatrocientos años antes de que naciera Jesucristo. Era la única sección de la Biblia que había hasta que Jesús murió y resucitó de entre los muertos. Fue la Biblia que Jesús conoció y utilizó mientras Él estuvo en la tierra porque, como sabemos, en esa época todavía no se había escrito el Nuevo Testamento.

Si bien el Antiguo Testamento fue escrito originariamente en hebreo, luego fue traducido al griego koiné. Este idioma fue creado por los griegos y correspondía a la época en que vivió Jesús. *Koiné* significa "común", y el griego koiné era el lenguaje común que se utilizaba en el mundo en esos días (hasta aproximadamente el año 700 d.C.). Esta traducción, que se terminó alrededor del año 100 (antes de Cristo), fue denominada la Septuaginta. Fue un trabajo importante porque permitió que muchas más personas pudieran leer y comprender la Palabra de Dios en su propio idioma.

El Nuevo Testamento

El Nuevo Testamento se escribió después que Jesucristo murió, resucitó de entre los muertos y ascendió al cielo. Originariamente fue escrito en griego koiné y está compuesto por veintisiete libros.

Los primeros cuatro libros del Nuevo Testamento son los evangelios: el de Mateo, el de Marcos, el de Lucas y el de Juan.

El término *evangelio* significa "buenas noticias", y la buena noticia es que Jesucristo lo amó tanto que Él murió para pagar por sus pecados de modo de que usted pudiera formar parte de la familia de Dios. Otro aspecto importante de la buena noticia es que Jesucristo resucitó de entre los muertos para nunca más volver a morir. Cuando uno cree con fervor en lo que dice la Biblia acerca de Jesucristo y lo recibe como Señor y Salvador, puede emprender una vida nueva. ¡Su decisión de caminar junto a Jesús le otorga una vida nueva! Es una oportunidad para comenzar a vivir de nuevo, como otra persona, puesto que Dios dice que cuando usted tiene esta "vida nueva", se convierte en una "criatura nueva". Dado que Jesucristo vive en usted a través del Espíritu Santo, Él le da el poder de ser diferente y de saber que será resucitado para vivir con Él para siempre.

Los evangelios nos hablan acerca de la vida de Jesús, de su ministerio, de su muerte y de su resurrección. De hecho, usted y yo, en este libro, vamos a estudiar uno de los evangelios — el de Juan — para que podamos comprender por nuestra propia cuenta esta buena noticia y decidir cómo vamos a vivir a la luz de ella.

La mayor parte del resto del Nuevo Testamento comprende epístolas, que son cartas escritas a individuos o grupos de creyentes en los comienzos de la iglesia. Las epístolas dan mucha información acerca de qué debemos creer y cómo debemos vivir como hijos de Dios. Usted lo descubrirá a medida que las lea y las estudie.

¿CÓMO ES QUE SE ESCRIBIÓ LA BIBLIA Y SE LA PRESERVÓ PARA NOSOTROS?

Como mencioné anteriormente, los autores de la Biblia, inspirados por Dios, escribieron exactamente lo que Él quiso que escribieran. Esa redacción original se denomina "autógrafo". Luego, hombres llamados *escribas* copiaron los autógrafos en rollos de pergamino (pieles secas de animales) o papiros (un material similar al papel hecho con la corteza interna de una planta).

Aunque no contamos con ninguna copia de los autógrafos originales, sí tenemos muchas copias manuscritas de los mismos. En realidad, hay más copias de los autógrafos originales de las Escrituras que de cualquier otro escrito antiguo aceptado por los hombres como auténtico y digno de ser estudiado.

Cuando un escriba copiaba un autógrafo, seguía un procedimiento especial para asegurarse de que nada quedara afuera, estuviera mal copiado o se hicieran adiciones. ¡Si se encontraba un error, se desechaba todo el rollo!

¿Por qué tenían tanto cuidado? Porque estaban tratando con la Palabra de Dios, y de ninguna manera debía ser cambiada o alterada. Nuestro todopoderoso y sabio Dios se ocupó de guardar su Palabra para que el hombre no alterara ni una sola palabra. Jesús mismo nos aseguró esto cuando dijo:

Porque de cierto os digo que hasta que pasen el cielo y la tierra, ni una jota ni una tilde pasará de la ley [Antiguo Testamento], hasta que todo se haya cumplido (Mateo 5:18).

Si bien la Biblia está compuesta por sesenta y seis libros escritos en un lapso de mil cuatrocientos a mil ochocientos años, se reúnen en un único mensaje sin contradicciones. ¿Por qué? Porque es la Palabra de Dios.

¿POR QUÉ SE ESCRIBIÓ LA BIBLIA?

La Biblia se escribió para que cualquiera que desee saber quién es Dios y cómo debe vivir para complacerlo, pueda leerla y averiguarlo.

Dios quiere que tengamos una relación personal con Él. Él quiere ser un Padre para nosotros. Para poder mantener esa relación, Dios tiene que hablar con nosotros. Debe explicar quién es y cómo podemos llegar a tener una relación estrecha y maravillosa con Él. También desea que comprendamos las bendiciones de llevar una vida de obediencia a su Palabra y las consecuencias resultantes de desobedecerlo. Quiere que conozcamos la verdad acerca de la vida y de lo que ocurrirá en el futuro.

La Biblia nos dice todo lo que necesitamos saber sobre la vida. Por eso usted es quien debe estudiarla por sí mismo.

¿CÓMO ESTÁ ORGANIZADA LA BIBLIA?

La Biblia está dividida en dos partes: la primera es el Antiguo Testamento y la segunda, el Nuevo Testamento. Al comienzo de toda Biblia encontrará un índice que le dirá los nombres de los sesenta y seis libros de ambos Testamentos. También le indicará cuál es la página en la que comienza cada libro.

Cuando observe una Biblia, verá que cada libro está dividido en capítulos, y que cada capítulo a su vez está dividido en versículos. Cuando se escribieron por primera vez los libros de la Biblia, no había divisiones de capítulos ni de versículos. Estas divisiones se realizaron muchos siglos después, para que la Biblia fuera más sencilla de leer y estudiar.

El hecho de que la Biblia esté dividida en capítulos y versículos también es muy útil cuando uno desea buscar algo específico. Por ejemplo, si alguien quiere decirle en qué lugar buscar determinado versículo, le indicará el nombre del libro, el número de capítulo y el número de versículo. Así, Juan 3:16 es una referencia al Evangelio según San Juan, tercer capítulo, versículo dieciséis. Si se trata de más de un versículo, la referencia sería: Juan 3:16-36. En este caso, usted leerá del capítulo 3 los versículos, desde el 16 hasta el 36.

Si en algún libro se incluyen citas de la Biblia, luego de las mismas figurará lo que denominamos su "dirección", es decir, el libro, el capítulo y el versículo donde las encontrará. El siguiente es un ejemplo de lo que acabo de explicar:

Porque de tal manera amó Dios al mundo, que ha dado a su Hijo unigénito, para que todo aquel que en él cree, no se pierda, mas tenga vida eterna (Juan 3:16).

¿CÓMO PUEDE USTED DESCUBRIR QUÉ DICE LA BIBLIA?

Para descubrir lo que dice la Biblia, usted debe leerla por su cuenta de una manera que le ayudará a descubrir:

- qué dice,
- qué significa,
- y cómo debe aplicarla en su vida.

Algunas capacidades de estudio le ayudarán a hacerlo, ¡y la mejor manera de aprender estas capacidades es utilizándolas en forma práctica! Y eso es lo que vamos a hacer juntos en las semanas venideras.

El método de estudio que emplearemos se denomina *método inductivo*. Esta es la mejor manera de estudiar la Biblia porque se trabaja directamente con la Biblia misma.

El método inductivo no le dice qué significa la Biblia ni en qué debe creer. En cambio, le ayuda a comprender y a conocer la Biblia mostrándole cómo mirar (observar) por usted mismo. Y una vez que vea qué dice, podrá comprender qué es lo que quiere decir el autor.

Al estudiar la Biblia en forma inductiva, también deberá leerla en forma devocional. Con esto quiero decir que debe leerla con un corazón deseoso de escuchar lo que Dios le está diciendo a usted. Dios nos habla personalmente a través de su Palabra. Por lo tanto, a medida que lea, a medida que estudie, también debe dedicar tiempo a escuchar lo que Dios le está diciendo.

¡La Biblia es un libro eterno! Sí, fue escrita para otros y acerca de otros, pero Dios nos dice que también fue escrita para nosotros, para darnos esperanza y decirnos cómo vivir. Se aplica a todas las personas de toda época, sin importar de qué país o tribu provengan, ni cuál sea su color, raza, nacionalidad, sexo, edad o situación económica.

Cuando Dios le habla al "hombre", le está hablando al género humano, tanto al hombre como a la mujer. Para Jesucristo "ya no hay judío ni griego; no hay esclavo ni libre; no hay varón ni mujer; porque todos vosotros sois uno en Cristo Jesús" (Gálatas 3:28).

En otras palabras, Dios no respeta a una raza más que a otra, a una condición social o casta más que a otra, a un sexo más que a otro. Cuando llegamos a Jesucristo, todos somos iguales. Eso es lo que dice Dios. Eso es lo que Dios quiere decir. Y así será, porque Dios es Dios.

Ahora bien, puesto que el objetivo de este libro es el de ayudarle a ver por su propia cuenta qué dice Dios sobre sí mismo, sobre usted y sobre la relación que Él quiere tener con usted, vamos a estudiar uno de los libros de la Biblia. Se trata del cuarto libro del Nuevo Testamento: el Evangelio de Juan, al cual nos referiremos a menudo como simplemente Juan.

Si termina este estudio, habrá visto por usted mismo qué dice Dios. Luego, podrá decidir si va a creer en Dios o no.

¿CÓMO VAMOS A ESTUDIAR EL EVANGELIO DE JUAN?

Vamos a estudiar el Evangelio de Juan un capítulo a la vez y, mientras lo hacemos, le mostraré cómo observar el texto bíblico de una manera que le ayude a ver por sí mismo las enseñanzas de cada capítulo. No le diré en qué creer. Simplemente le mostraré cómo descubrir por sí mismo lo que Dios dice.

Lo que le pido es que se comprometa a cumplir con siete de las trece semanas que comprende este estudio. Sin embargo, una vez que haya comenzado, se sorprenderá al ver cuán rápido pasa el tiempo y cuánto aprende en cada semana. Y luego, si continúa, y oro porque así sea, podrá completar las otras seis semanas de estudio. Si hace este estudio y cree en lo que Dios dice, recibirá grandes bendiciones.

Yo le daré una tarea cinco días por semana. Si no puede realizarla todos los días, adapte el estudio a su propio ritmo.

Sólo recuerde que la Biblia es la verdad, y que si desea conocer la verdad, debe disciplinarse para estudiarla. También recuerde que hay alguien que no quiere que usted conozca la verdad. Se lo menciona en Juan 8:44. No permita que él lo aleje de la verdad, ¡complete su estudio!

Le será de gran utilidad realizar este estudio junto con otra persona e intercambiar opiniones entre ustedes. No obstante, al considerar lo que han visto, siempre vuelvan a remitirse al capítulo y versículo que están estudiando. De esa forma podrá estar seguros de que sus respuestas y observaciones provienen de la Biblia y no de lo que usted u otros piensen. En la última parte del libro, encontrará una guía para líderes que lo ayudará semana tras semana a considerar lo que ha aprendido y tratar de aplicarlo a su propia vida.

Por último, debe tener presente que no comprenderá todo lo que lea. Sólo comprenderá lo que Dios desea que comprenda. Dios le enseñará algo y, cuando lo comprenda, Él le enseñará un poco más. Cuanto más continúe estudiando la Palabra de Dios, más será lo que vea y comprenda. Yo he sido cristiana por treinta años y todavía tengo mucho por aprender. Pero, ¡es tan emocionante! ¡Puedo seguir aprendiendo más acerca de mi adorado Padre y maravilloso Señor y Salvador hasta que nos encontremos cara a cara! ¡Es fascinante!

¿CÓMO COMENZAR SU ESTUDIO?

Comience con oración

Una oración no es más que hablar con Dios. Y como la Biblia es el libro de Dios, es necesario que acuda a Dios y le pida que lo ayude a comprender su libro.

Simplemente dígale a Dios que desea ver la verdad por usted mismo y que le gustaría que Él lo ayudara a comprender lo que le está diciendo.

16   *DIOS, ¿ESTÁS AHÍ?*

Trate de descubrir el objetivo del libro

Todos los libros de la Biblia han sido escritos con algún propósito. Por lo tanto, lo primero que debe hacer cuando lea un libro de la Biblia es descubrir cuál fue el objetivo del autor que lo motivó a escribir ese libro. Si el autor no dice explícitamente cuál fue su propósito, entonces trate de ver cuál es el tema o persona que sobresale del texto. Esto le ayudará a descubrir su objetivo.

A veces es necesario leer más de una vez el mismo libro para descubrir cuál fue el propósito del autor. Esa no es una tarea difícil si se trata de los libros cortos de la Biblia, pero con los más largos, puede que le lleve más tiempo.

Sin embargo, el hecho de descubrir el objetivo es vital porque se trata de un factor determinante en cuanto a la forma en que el escritor expone el material del libro y establece qué aspectos cubre en su texto.

Por ejemplo, el objetivo o motivo del autor al escribir el Evangelio de Juan aparece en Juan 20:30-31. Busque esos versículos y estúdielos. A continuación anote por qué Juan escribió este evangelio.

Recuerde que todo lo que Juan escribió en su evangelio fue destinado a ayudarle a cumplir este propósito. Cada vez que lea un capítulo, observe qué dice Juan acerca de Jesucristo para lograr su objetivo: demostrarle a usted que Jesús es Cristo, el Hijo de Dios, para que pueda creer en Él y de ese modo, lograr la vida eterna.

Al estudiar cada capítulo, compartiré con usted algunas capacidades inductivas. Luego, al repetir estas capacidades, usted aprenderá que puede estudiar otros libros de la Biblia en forma inductiva. Y esto es muy emocionante, ya que no sólo aprenderá el Evangelio de Juan, ¡sino que también aprenderá a estudiar el resto de la Biblia! Si usted es un estudiante, le ayudará también en otros ámbitos de estudio.

PRIMERA SEMANA

Primer día

1. En la última parte de este libro encontrará el Evangelio completo de Juan impreso en un formato denominado **Registro de observación**. Se trata del texto bíblico impreso con un espacio al costado para que usted pueda realizar anotaciones. Este espacio se denomina margen.

Cuando estudie la Biblia de modo inductivo, observe el pasaje que está estudiando. Observar algo significa mirarlo con mucha atención para ver todo lo que hay en él.

Cuando usted observa algo atentamente, ve:

a. cómo es en su totalidad

b. cómo son las diferentes partes que lo componen

c. cómo se relacionan las partes entre sí.

Una buena forma de observar un capítulo de la Biblia es hacerse las seis preguntas fundamentales: QUIÉN, QUÉ, CÓMO, CUÁNDO, DÓNDE y POR QUÉ.

Por ejemplo, cuando usted lee un capítulo de Juan, debiera hacerse preguntas como:

1. ¿Sobre QUIÉN trata este capítulo o de QUÉ trata este capítulo?

Puede que se trate de una persona. Ese es el QUIÉN.

O BIEN

Puede tratarse de un acontecimiento o de algún tema en especial: ese es el QUÉ.

2. ¿QUÉ estoy aprendiendo de este pasaje en relación a la persona, el hecho o el tema?

3. ¿CÓMO se hizo? ¿CÓMO ocurrió? ¿CÓMO ocurrirá?

4. ¿CUÁNDO está ocurriendo esto o CUÁNDO ocurrirá?

5. ¿DÓNDE está sucediendo o DÓNDE sucederá?

6. ¿POR QUÉ se dijo esto? ¿POR QUÉ se hace mención a esto? ¿POR QUÉ esta persona hace esto? ¿POR QUÉ ocurrió esto? ¿POR QUÉ ocurrirá esto?

Es posible que no encuentre respuestas a estas seis preguntas fundamentales en todos los textos que estudie, porque no siempre están allí. Cuando uno observa la Palabra de Dios, sólo necesita ver lo que Dios dice. No necesita leer entre líneas, ni debe hacerlo. Si Dios quiere que usted sepa algo, se lo dirá en forma clara y sencilla. Dios desea que usted conozca la verdad y la comprenda. Al observar atentamente lo que Él dice, verá la verdad y comenzará a conocer a Dios tal cual es.

Usted observa el texto para descubrir qué dice. Eso es una **observación**.

Luego, descubre su significado, o sea, su **interpretación**.

Posteriormente, una vez que sabe lo que dice Dios y lo que Él quiere decir, vive a la luz de ello. Esa es la **aplicación**.

2. Remítase al **Registro de observación** de Juan 1, (p. 115) en el Apéndice. (El apéndice es la sección que figura en la última parte del libro, luego de la semana decimotercera, que contiene materiales adicionales necesarios para realizar su estudio).

Lea una vez el capítulo 1 para ver de qué trata. (No se olvide de orar antes de comenzar, pidiéndole a Dios que lo ayude). Cuando termine, regrese al número 3.

3. ¿Qué dos personas se destacan más en este capítulo? Menciónelas a continuación.

a.

b.

Eso es suficiente por hoy. Mañana comenzaremos a marcar palabras clave y usted se sentirá entusiasmado por lo que va a aprender. Quiero mencionarle que me siento muy orgullosa de usted por hacer el esfuerzo de ver la verdad por sí mismo. Nunca se arrepentirá. Dios le abrirá un mundo completamente nuevo y usted le estará enormemente agradecido.

Segundo día

Al leer un capítulo de la Biblia, descubrirá que determinadas palabras importantes se repiten en varias oportunidades. Son las que denominamos **palabras clave**. Al igual que una llave, abren las puertas del significado del texto bíblico.

Marque cada una de las palabras clave de manera diferente para que pueda detectarlas con facilidad. Una vez que tenga decidido cómo marcar una palabra clave, márquela del mismo modo cada vez que aparezca en el texto. Puede emplear un color, un símbolo o una combinación de ambos para marcar una palabra clave.

Por ejemplo, yo siempre resalto la palabra creer con color azul. También resalto con azul la palabra *vida*, pero en este caso le agrego un símbolo. Le coloco un marco de color verde para distinguirla de la palabra creer. Cuando marco la palabra *diablo* sólo empleo un símbolo: ¡un tridente!

Le será de gran ayuda hacer una lista con las palabras clave que aparecen a lo largo del libro en un papel o en una tarjeta que pueda utilizar como marcador de libro. Luego, marque cada palabra en la tarjeta de la misma forma en que lo hará en el Evangelio de Juan. Puede emplear su marcador de libro a medida que avanza, capítulo tras capítulo, cada semana, como recordatorio de la forma en que está marcando las palabras. Le diré, a medida que trabajemos cada semana, qué palabras agregar a su lista, y aunque ya figuren en su tarjeta, le recordaré que las siga marcando a medida que avancemos. (No siempre deseará agregar cada palabra clave que marque, porque algunas figuran en determinado capítulo y no las volverá a marcar más después que termine de trabajar en ese capítulo).

1. Hoy vamos a leer Juan 1:1-18. Mientras lea, deberá marcar cada vez que aparezca la palabra clave *Verbo*. Si usa lápices de colores, puede marcar *Verbo* en amarillo cada vez que aparezca. Si no cuenta con lápices de colores, dibuje el contorno de un libro sobre la palabra clave:

"En el principio era el 📖*Verbo* *y . . ."*

2. Ahora lea nuevamente Juan 1:1.18. En esta ocasión deberá buscar pronombres que se refieran a la palabra clave. Un *pronombre* es una palabra que ocupa el lugar de un sustantivo y que se refiere a personas o cosas nombradas a las que se hace referencia en el contexto. En Juan 1:1-18, estas palabras serán: *él* o *su*, que se emplean en lugar de *Verbo*, pero que hacen referencia a este término. Asegúrese de que los pronombres que marque se refieran a *Verbo* y no a otra cosa.

3. Ahora que ha marcado todas las veces que aparece esta palabra clave en Juan 1:1-18 y los pronombres correspondientes, deberá marcar todo sinónimo que se refiera a *Verbo*.

Un *sinónimo* es una palabra que tiene el mismo significado que otra, o una palabra que se refiere a la misma persona, lugar o cosa. Por ejemplo, las palabras *Dios*, *Padre* y *Todopoderoso* son sinónimos, porque se refieren a la misma persona.

4. Busque y marque los sinónimos que se utilizan en Juan 1:1-18 que se refieran a *Verbo*: *vida*, *luz* y *el unigénito del Padre*.

Amigo mío, ¿se siente preocupado por no encontrar las respuestas correctas? ¡No se preocupe! Usted verá la verdad por sí mismo. Ha comenzado muy bien y me siento muy orgullosa de usted. Recuerde que los que tienen éxito son quienes tienen el ánimo de continuar hasta aprender. Siempre les digo a mis alumnos: "¡Continúen!"

Dicho sea de paso, la lección de la primera semana es un poco larga, ¡pero se debe a que el capítulo es muy largo! No se dé por vencido, porque cada semana le será más fácil. Además, a medida que avance, semana tras semana, comprenderá más y eso le hará las cosas más sencillas. ¡No se desanime! ¡No se dé por vencido!

Tercer día

1. Después que haya marcado las palabras clave, debe confeccionar una lista de las cosas que observó al marcar estas palabras. (Más adelante, le mostraré cómo hacerlo, de modo que siga leyendo). Puede hacer su lista al margen de su **Registro de observación**, o bien primero anotarla en un trozo de papel y luego copiarla en el margen de su **Registro de observación**, cuando se sienta satisfecho con ella.

Su tarea para el día de hoy consiste en hacer una lista de lo que aprende acerca de la palabra clave *Verbo*. De modo que remítase a cada lugar en el que ha marcado *Verbo*, sus pronombres o sinónimos en Juan 1:1-18 y confeccione una lista sobre lo que ha aprendido observando el texto.

No incluya todo lo que ha oído, pensado, sentido o creído, sólo anote lo que Juan 1:1-18 le enseña acerca del *Verbo*. (Le daré suficiente espacio para su lista. No necesitará ahora todo ese espacio para sus observaciones, pero lo necesitará para una tarea que efectuará el quinto día.)

Ahora bien, déjeme ayudarlo a comenzar mostrándole cómo hacer la lista. Advierta que he colocado el número de versículo donde encontré lo que figura en mi lista. Colocaré las primeras dos cosas que vemos acerca del *Verbo* en este capítulo.

El Verbo:

V. 1. En el principio era el Verbo.

V. 2. El Verbo era con Dios.

V. __

V. __

2. ¿Incluyó usted en su lista "en él estaba la vida"? Si no lo hizo, vuelva a leer Juan 1:4 y observe qué dice. Y, ¿en su lista anotó "Aquella luz verdadera"? Asegúrese de haber incluido en la lista todo lo que ha aprendido acerca del Verbo. Si piensa en algo que no incluyó, añádalo a su lista.

3. Por último, pensemos en sus observaciones acerca de Juan 1:1-18 y cómo se relacionan con el propósito de Juan al escribir su evangelio.

Recuerde que el motivo que impulsó a Juan a escribirlo fue que el lector, que lo incluye a usted, pudiera ver las señales de Jesús y pudiera creer que Jesús es el Cristo, el Hijo de Dios, y para que, creyendo, tenga vida en su nombre (Juan 20:30-31).

a. El primer capítulo de Juan no nos cuenta acerca de las señales dadas por Jesús. Pero, ¿ha observado algo en Juan 1:1-18 que indique que Jesús es el Hijo de Dios? Dicho de otro modo, ¿que Jesús es Dios? Haga una lista a continuación.

b. ¿Cómo se hace referencia a Jesús en Juan 20:31? ¿Puede encontrar alguna similitud entre lo que se dice de Él en 20:31 y lo que ve acerca de Él en 1:1-18? Explique su respuesta.

¿No se siente entusiasmado acerca de lo que ha visto? Quizás lo hizo en compañía de un amigo, tal vez lo hizo con un maestro y puede que no haya visto nada que otros vieron, pero piense en lo que vio ¡POR SÍ MISMO!

Cuarto día

1. En Juan 1:1-18 usted leyó acerca de alguien además de Jesucristo, de la Palabra de Dios, del Unigénito que es vida y la luz del mundo. Lea Juan 1:16. ¿A qué hombre se refiere? Escríbalo.

2. Lea Juan 1:1-18 y marque toda referencia a este hombre. Utilice siempre el mismo color o símbolo. Si no cuenta con lápices de colores, tal vez desee utilizar el símbolo: (La marca simboliza el agua, pues se trata de Juan el Bautista).

3. Ahora, si tiene tiempo, confeccione una lista con todo lo que ha observado al marcar cada referencia a este hombre. (Nuevamente le daré más espacio del que necesita en este momento, puesto que lo utilizará más adelante).

Quinto día

1. Hoy deberá leer el resto del capítulo 1. Lea los versículos 19-51 y marque toda referencia a Jesucristo de la misma forma en que ha marcado las referencias al término Verbo. No se olvide de marcar pronombres y sinónimos. Por ejemplo, en Juan 1:29 Jesús es llamado el *Cordero de Dios*, de modo que deberá marcarlo en la misma forma en que marcó *Verbo*. Luego, en el versículo 30, se llama *Varón*, entonces márquelo de la misma manera.

2. Lea otra vez los mismos versículos y marque toda referencia a Juan, incluso pronombres y sinónimos. Utilice el color o el símbolo que empleó ayer. (Dicho sea de paso, el Juan que se menciona en los versículos 19-51 no es el mismo Juan que escribió el evangelio. Recuerde que en los versículos 19-51 se habla de Juan el Bautista.)

3. Ahora, querido alumno, vuelva a la lista que comenzó el tercer día bajo el número 1 y agregue todo lo que aprendió al marcar cada referencia a Jesucristo en los versículos 19-51.

4. Si no está demasiado cansado, escriba todo lo que aprendió acerca de Juan en la lista que comenzó el cuarto día, bajo el número 3.

5. Ahora, teniendo presente el propósito de Juan al escribir este evangelio, observe sus listas sobre Jesús y Juan el Bautista y coloque un tilde en cada verdad que ayuda a Juan a lograr su propósito de escribir este libro. ¿No es maravilloso ver ya desde el primer capítulo cuánto nos dice Juan acerca de Jesucristo? En el resto de su evangelio, Juan nos va a mostrar estas verdades en muchas oportunidades, de modo que esté atento a ello.

6. En el Apéndice encontrará un cuadro llamado PANORAMA DE JUAN. Este es un cuadro en el que podrá registrar el tema principal de cada capítulo del Evangelio de Juan. El tema principal es el asunto o acontecimiento más importante que se trata en un capítulo. Es el tema del que más se habla.

Cuando usted toma el tiempo para descubrir cuál es el tema y anotarlo, esto le ayudará a acordarse de qué trata ese capítulo. Al registrar el tema en el cuadro del PANORAMA DE JUAN, le será fácil encontrarlo cuando desee remitirse a él. Además, el hecho de anotar el tema de cada capítulo sirve para ver cómo se relacionan los capítulos entre sí y a su vez con la motivación del autor para escribirlos.

Registre el tema del capítulo 1 al lado del número 1 en el primer renglón del cuadro PANORAMA DE JUAN.

7. A estas alturas, tomémonos unos minutos para ver si puede aplicar algo de lo que ha observado hasta ahora en su vida. Para ayudarlo, permítame hacerle algunas preguntas para que las piense cuidadosamente y las responda. Sería interesante que escriba sus respuestas, pero si no se siente cómodo haciéndolo, simplemente contéstelas en su corazón.

Juan dice que Jesucristo es "el Cordero de Dios que quita el pecado del mundo" (Juan 1:29).

Cuando una persona peca, significa que ella dirige su propia vida. No le permite a Jesús ser su Señor y Amo. Hace lo que le place en lugar de lo que Dios le dice que haga. Cree en lo que desea creer aunque eso no esté de acuerdo con lo que Dios dice en su Palabra, la Biblia. No cree que Jesús sea Dios, o en caso de que lo crea, no honra a Jesús como su Dios ni le obedece. Cuando una persona peca, viola o desobedece los mandamientos de Dios.

a. ¿Es usted un pecador?

b. Según Juan 1:29, ¿qué hará Jesús con sus pecados?

c. Según Juan 1:12, ¿cómo hace una persona para convertirse en un hijo de Dios?

d. Según Juan 1:11, ¿recibirán todos a Jesucristo?

Es importante recordar esta última respuesta. Mientras continuamos con nuestro estudio, usted aprenderá mucho acerca de las personas que no creen que Jesucristo es el Hijo de Dios y no lo reciben como su Dios y Salvador. Aprenderá qué les ocurrirá y cómo se sentirán con respecto a usted y cómo le responderán si usted cree en Jesucristo. Verá qué deberá hacer a la luz de esta situación y cómo deberá responderles si usted es un hijo de Dios.

8. Por último, aquí va la pregunta final dividida en dos partes:

a. ¿Qué es lo más importante o emocionante que ha aprendido acerca de Jesucristo en su estudio durante esta semana?

b. De lo que ha visto, ¿qué es lo que más lo inquieta o cuál es la pregunta más importante que tiene?

Usted acaba de completar su primera semana de estudio, ¡y vaya que fue prolongada! ¡Me siento orgullosa de usted! ¡Mi corazón se regocija por su diligencia! Dios empleará lo que está haciendo para "apartarlo" de un modo muy especial si simplemente cree en lo que Él dice.

Hasta que nos volvamos a reunir dentro de dos días, piense en todo lo que ha aprendido del Libro de Dios: la Biblia.

SEGUNDA SEMANA

❧

Primer día

1. Lea Juan, capítulo 2, en las hojas de trabajo que aparecen en el apéndice.

Al leer este capítulo, observe y marque toda referencia al tiempo. Es importante saber CUÁNDO sucede algo, así que cuando Dios nos da "indicadores de tiempo" debemos prestarles atención. Si bien Él no menciona con frecuencia un día, hora o mes específicos, sí indica el tiempo y la secuencia en el tiempo de diversas formas.

Por ejemplo, en este capítulo y a través de todo el Evangelio de Juan leerá que Jesús asiste a determinadas celebraciones. El hecho de marcar estas celebraciones le ayudará a observar cuándo sucedió algo porque las celebraciones tuvieron lugar en determinados momentos del año. Todo varón judío debía acudir a Jerusalén tres veces al año para celebrar tres acontecimientos anuales.

Cuando estudio mi Biblia siempre marco toda referencia al tiempo dibujando un reloj al margen. También dibujo un reloj sobre palabras tales como *luego, cuando* y *después* si demuestran una progresión de acontecimientos que, por lo tanto, indican una secuencia de tiempo. Si no desea utilizar el símbolo del reloj, coloree las referencias de tiempo con otro color, como por ejemplo el verde, o subráyelas con un lápiz. 🕐

También debe marcar toda referencia a lugares. Para esto pudiera hacer un subrayado doble con otro color. Por ejemplo, usted marcaría el lugar mencionado en Juan 2:1 de la siguiente manera:

Al tercer 🕐 *se hicieron unas bodas en* <u>Caná de Galilea</u>; *y estaba allí la madre de Jesús.*

Cuando advierta que se menciona la *Pascua de los judíos*, márquela de la misma forma como está marcando el tiempo, ya que la Pascua era una celebración judía que tenía lugar en la misma época todos los años. (La Pascua era una celebración que comenzaba el decimocuarto día del primer mes del calendario judío. Ese mes se denominaba Nisan y corresponde a los meses de marzo o abril de nuestro calendario. Recuerde este marco de tiempo cuando observe una mención a la Pascua.)

Estas marcas le ayudarán a ver cuándo y dónde acudía Jesús, o cuándo y dónde tenían lugar determinados acontecimientos. (No olvide agregar estas referencias de tiempo y de lugares en su marcador de libro).

2. Cuando termine de leer Juan 2, regrese a Juan 1 y marque o subraye las referencias al tiempo o a lugares de la misma forma en que lo hizo en el capítulo 2.

En Juan 1, la única frase que indica el tiempo es: *el siguiente día*, pero márquelo porque le muestra lo que ocurrió un día y luego otro, y así sucesivamente.

Busque en Juan 1:28,29,35,43 la única referencia a un lugar y los usos de las referencias de tiempo.

3. Observe las frases relacionadas con el tiempo que marcó en Juan 1 y 2. ¿Ve la secuencia de tiempo (la cronología) de los acontecimientos y cómo uno se relaciona con otro?

4. Hay un mapa en el apéndice que muestra los diferentes lugares que recorrió Jesús. Mire el mapa para tener una idea de dónde sucedieron esas cosas. Esto le brindará un contexto geográfico.

Un **contexto** nos dice dónde algo encaja en relación a otras cosas.

1. El contexto puede ser *geográfico*: el lugar donde algo ocurre en relación a otros lugares.

2. El contexto puede ser *histórico*: el momento en la historia en el cual algo encaja con otros hechos.

3. El contexto puede ser *cronológico*: cuando algo encaja dentro de una secuencia de tiempo con otros hechos.

4. El contexto puede ser *cultural*: cómo algo se relaciona con las costumbres de las personas de diferentes países y épocas.

El contexto es una de las cosas más importantes que debemos tener en cuenta al estudiar e interpretar la Biblia. La palabra *contexto* significa "lo que va con el texto". De modo que si desea comprender el significado de algo que menciona la Biblia, siempre debe interpretarlo en relación a lo que se dice o escribe en las palabras, versículos, capítulos que lo rodean, y en el libro mismo.

¡Usted está aprendiendo tanto, y yo me siento tan orgullosa de usted! Está viendo que Jesús es una persona real que vivió en un momento específico de la historia. Y está aprendiendo acerca de la tierra y de los lugares en los que tuvieron lugar la mayor parte de los acontecimientos de la Biblia. Al estudiar otros hechos de la Biblia, piense cómo llegó la buena noticia acerca de Jesucristo a su país.

Segundo día

1. Vuelva a leer Juan 2.

Esta vez, marque cada vez que aparezcan las palabras *señal* o *señales*. Escoja un color para estas palabras y a partir de ahora, cada vez que las vea en Juan, utilice ese color. O, si lo prefiere, emplee un símbolo que recuadre esas palabras, como el siguiente: ◯ (Agregue una *señal* o *señales* en su tarjeta porque las marcará cada vez que aparezcan en Juan).

También marque la palabra *creyeron*. Es importante marcar cada vez que aparece esta palabra porque el Evangelio de Juan fue escrito para que pudiéramos creer que Jesús es el Cristo, el Hijo de Dios, y que creyendo tuviéramos vida en su nombre. Debido al propósito de Juan, *señal* (*señales*) y *creyeron* son palabras clave en este libro. Observe cada vez que aparecen estos términos en cualquiera de sus formas. Busque y marque: *creer, creyeron, cree, creyendo* mientras trabaja con el resto de este Evangelio. (Además, añádalas en su tarjeta).

2. Vuelva a leer Juan 2, esta vez leyendo un acontecimiento cada vez. Al hacerlo, verá que estos acontecimientos cambian cuando Jesús se traslada de un lugar a otro. En el margen izquierdo de su **Registro de observación**, junto a cada acontecimiento, escriba lo más breve posible qué sucede cuando Jesús está en ese lugar en particular. Por ejemplo, al lado de Juan 2:1-11, usted escribiría "Bodas en Caná".

3. Ahora, remítase a Juan 20:30-31 en sus hojas de trabajo. Lea esos versículos y marque las palabras *señales* de la misma forma como lo hizo en Juan 2.

4. Lea el versículo 31 y marque la palabra *éstas* de la misma manera, porque éstas es un pronombre que se emplea para hacer referencia a la palabra *señales*.

Analice estos versículos y vea qué dicen acerca de las señales. Hágalo utilizando las seis preguntas fundamentales (quién, qué, cómo, cuándo, dónde y por qué). Aunque no siempre encontrará las respuestas a todas las preguntas, este proceso le será de gran ayuda en su aprendizaje y le permitirá comprender mejor lo que Dios le está enseñando.

Para que pueda comenzar, permítame ayudarlo con Juan 20:30-31. Yo haré las preguntas y usted escribirá las respuestas.

a. ¿QUIÉN da las señales?

b. ¿DÓNDE tuvieron lugar o QUIÉN las vio?

c. ¿DÓNDE se escribieron estas señales?

d. ¿CÓMO se escribieron muchas de estas señales?

e. ¿POR QUÉ se escribieron estas señales?

5. Ahora, regrese a Juan 2 y responda las preguntas que aparecen a continuación. Cuando escriba las respuestas, anote el número de los versículos de Juan 2 donde encontró las respuestas.

a. ¿CUÁL fue la primera señal que Jesús dio?

b. ¿DÓNDE la llevó a cabo?

c. ¿QUIÉN la vio y QUÉ sucedió como resultado de la misma?

6. En el margen de Juan 2, cerca de los versículos que mencionan la primera señal que dio Jesús, escriba: "Primera señal de Jesús" y registre de qué señal se trata. Luego, remítase a los otros lugares en los que marcó las palabras *señal* y *señales*, y escriba cuál fue o sería la señal.

7. Confeccione una lista de todo lo que aprendió en este capítulo al marcar *señal* y *señales*. Además, quizás desee registrar su lista en el

margen de la **Registro de observación**, después que la haya terminado.

8. Observe cada vez que marcó *señal* y *señales* en Juan 2 y haga las
seis preguntas fundamentales. Escriba las respuestas a continuación.

Tercer día

1. Como verá más adelante, Juan 3 es un capítulo muy importante.
Por lo tanto, léalo atentamente. Pídale a Dios que lo ayude a comprender lo que Él está diciendo. ¡La oración es sumamente importante
para estudiar la Palabra de Dios! Dios quiere que usted comprenda su
Libro, y le promete que si continúa preguntando y buscando, Él le
responderá.

Cuando hable con Dios — por medio de la oración — puede que
piense: Pero ni siquiera estoy seguro de que Él exista, o si existe, no
estoy seguro de que Él siquiera me escuche". Si eso es lo que está
pensando, entonces, amigo mío, quiero decirle algo: ¡Hable con Él y
verá qué ocurre! Si usted es sincero, recibirá una maravillosa sorpresa.

2. Lea todo el capítulo tres de Juan sólo con el objeto de familia-
rizarse con su contenido. Cuando lo lea, preste atención al versículo

que le dice cuándo Jesús se dirige a otro sitio. Márquelo de la misma manera en que marcó en Juan 1 y 2 las veces en que Jesús se trasladó de un lugar a otro. Verá que Juan 3 cubre dos acontecimientos diferentes que sucedieron en dos lugares diferentes.

3. Ahora, lea Juan 3:1-21 y marque cada vez que aparezcan las dos palabras clave que marcó el segundo día de esta semana de estudio: *creer* y *señal*. Recuerde marcar todas las diversas formas en que aparezcan estas palabras. Marque estas palabras de la misma forma en que lo hizo anteriormente.

4. Al leer Juan 3:1-21, ¿observó otras palabras importantes repetidas en estos versículos que le ayudaron a comprender qué está sucediendo en ellos? Escríbalas a continuación.

5. Dicho sea de paso, ¿dónde cree que se encontraba Jesús cuando tenía lugar Juan 3? Lea Juan 2:23 con atención y escriba la respuesta a esta pregunta.

6. ¿A dónde se dirigió Jesús después? Observe lo que marcó en Juan 3 y escriba su respuesta.

Cuarto día

1. Hoy vamos a volver a concentrarnos en Juan 3:1-21. Lea dichos versículos y marque las siguientes palabras clave: *nacer, naciere de nuevo* y *vida eterna*. Puesto que se trata de sinónimos, márquelos con el mismo color o símbolo. Después que haya terminado, verá con facilidad en qué lugar se utiliza cada una de ellas en Juan 3:1-21. (Agregue *vida eterna* a su marcador de libro. Y cuando vea en Juan las palabras *vivir, vida* y *vida eterna*, márquelas del mismo modo en que marcó *vida eterna*, porque se usan como sinónimos de *vida eterna*.)

A propósito, ¿hizo usted una lista de estas palabras ayer, cuando le pregunté si había visto alguna otra palabra importante en este segmento de Juan 3? Puede que haya advertido otras palabras, y eso está muy bien, pero si vio algunas de las que mencioné anteriormente, entonces ya está aprendiendo a detectar palabras importantes en un pasaje.

2. Ahora, leamos Juan 3:1-21 y hagamos las seis preguntas fundamentales para ver qué podemos aprender. Anote las respuestas y los versículos en los que las encontró. Sus respuestas no deben ser muy largas.

   a. ¿Sobre qué trata Juan 3:1-21?

   b. ¿Quién es Nicodemo? Haga una lista con todo lo que aprendió acerca de él en este pasaje de las Escrituras.

   c. ¿Por qué vino a Jesús?

   d. ¿Qué le dijo Jesús a Nicodemo que debía hacer para ver el reino de Dios?

3. Usted marcó las palabras *nacer*, *naciera de nuevo* y *vida eterna* cada vez que aparecieron en Juan 3:1-21. En la página siguiente, haga una lista que comprenda todo lo que estos versículos le han enseñado acerca de nacer de nuevo. Le dejaré mucho espacio para escribir, pero no tiene por qué ocuparlo todo. (Algunas personas tienen letra más grande que otras).

4. Asimismo, usted marcó ayer la palabra *creer* en todas sus formas.

a. Lea Juan 3:36 y marque *cree*.

b. Ahora, vuelva a observar en qué otros lugares marcó creer, *cree* y *creyó* en Juan 3:1-21, observe dónde marcó *cree* en el versículo 36 y confeccione una lista con todo lo que dicen estos versículos acerca de creer.

5. Ahora, piense en todo lo que ha visto hoy. ¿Qué piensa acerca de ello? ¿Cómo se siente cuando lo estudia? Escriba su respuesta. El hecho de escribirlo es de gran ayuda.

Quinto día

1. ¿Se acuerda de las preguntas que aparecen en la tapa de este libro de estudio y de las preguntas que formulamos al principio del mismo? ¿Existe Dios? ¿Sabe Él que usted existe? ¿Se preocupa por usted? ¿Puede Él ayudarlo?

Estas son preguntas importantes, y Dios desea respondérselas. Por eso nos dio su Libro. Él quiso que todos los hombres, mujeres y niños pudieran conocer la verdad porque cada uno de ustedes, sin importar quién sea, es precioso para Dios Todopoderoso. Por lo tanto, en lugar de adoptar lo que otras personas dicen o sienten, usted debe saber por sí mismo qué dice la Palabra de Dios.

2. Lea nuevamente Juan 3:1-21 y el versículo 36. Marque de la siguiente forma toda referencia a Dios: △

El uso de una combinación de colores o de un color junto con un símbolo para diferentes palabras es de gran utilidad en el estudio de la Biblia, porque los colores son más fáciles de distinguir que los símbolos. Mi triángulo es de color amarillo.

3. Ahora, haga una lista de todo lo que ha aprendido acerca de Dios en Juan 3:1-21 y en el versículo 36. No agregue sus propios pensamientos, opiniones o sentimientos, que pueden ser correctos o incorrectos. En cambio, sólo anote lo que dice la Biblia. La Palabra de Dios nunca es incorrecta. Le dice la verdad.

Al observar cada lugar donde marcó "Dios", recuerde hacer las seis preguntas fundamentales. Vea qué respuestas encuentra a cada una de las preguntas donde se hace referencia a Dios. Escriba las preguntas y las respuestas correspondientes.

4. Ahora ha llegado el momento de resumir en la menor cantidad de palabras posible de qué tratan Juan 2 y 3. ¿Cuál es el tema principal de cada uno de estos capítulos? ¿Cuál es el tema o acontecimiento más importante que se trata en estos capítulos? (Recuerde, ¡ese es el tema!) Anote estos temas en el lugar apropiado del PANORAMA DE JUAN.

¡Existe tanto más para ver en Juan 3, tanto más que quisiera enseñarle! Pero debo ser cuidadosa y no darle demasiada tarea a la vez. No quiero que se sienta abrumado o desalentado.

5. Por lo tanto, su última tarea de hoy consiste en pensar acerca de todo lo que ha aprendido en esta semana acerca de la Palabra de Dios. ¿Qué le está diciendo Dios a usted? ¿Cómo pueden aplicarse

estas verdades a su vida actual? Descubrámoslo respondiendo a varias preguntas.

Jesús le dijo a Nicodemo que no podía ingresar al reino de Dios si no nacía de nuevo. Nicodemo era un hombre religioso, gobernante de los judíos. Sin embargo, su religión no alcanzaba para otorgarle la vida eterna, para que ingresara al reino de los cielos. Nicodemo debía nacer de nuevo en el Espíritu.

a. ¿A quién o a qué adora usted?

b. ¿Es usted cristiano o pertenece a una religión que no permite tener una relación personal e íntima con Dios el Padre? En lo profundo de su corazón, ¿sabe que puede llamarlo "Padre" con la convicción de que realmente es su hijo, nacido de Él por medio de su Espíritu? ¿Cómo lo sabe?

c. Si no es cristiano, pero adora a otro dios, ¿cómo se compara su dios con lo que ha visto hasta ahora en nuestro estudio acerca de Dios el Padre y del Señor Jesucristo? Confeccione una lista a continuación.

Luego compare al dios al que adora con su lista.

Lo que he visto acerca de Dios y Jesucristo en Juan 1-3

6. ¿Qué cosas observó al comparar su lista con el dios al que usted adora?

Ahora bien, si desea nacer de nuevo, dígaselo a Dios y pídale que lo ayude a comprender qué significa todo esto de nacer de nuevo. Él le ayudará mientras usted continúa estudiando.

Oro para que termine lo que comenzó, pues bien sé que el hecho de completar este estudio marcará una GRAN diferencia en su vida. También sé que luego de que aprenda a estudiar de esta manera, podrá emplear estas valiosas herramientas en cualquier otro estudio que realice.

Por lo tanto: persevere. Nunca se arrepentirá. La Palabra de Dios otorga vida, sanidad y sabiduría.

TERCERA SEMANA

Primer día

1. Lea Juan 4:1-42. A medida que lee:

a. Advierta a dónde se dirige Jesús y dónde ocurren estos versículos. Observe y marque las frases que estén relacionadas con el tiempo.

b. También marque las ubicaciones geográficas del mismo modo como lo ha hecho en los capítulos anteriores.

2. Escriba en el margen el nombre de la ciudad en la que ocurrieron los acontecimientos de 4:1-42.

3. Marque las siguientes palabras con un color o símbolo distintos:

a. *mujer* (y los pronombres correspondientes, como *ella*). No agregue *mujer* a su tarjeta ya que sólo es una palabra clave del capítulo 4)

b. *adorar* (*adoráis, adoradores*)

c. *vida eterna* (Recuerde marcarlo en la misma forma en que marcó *vida eterna*, *vivir* o *vida*).

d. *creer* (*creyeron*)

Segundo día

1. Busque Samaria en el mapa del apéndice. Asimismo, advierta de dónde provenía Jesús y hacia dónde se dirigía.

2. Lea Juan 4:9 y anote lo que aprende acerca de la relación entre judíos y samaritanos.

Se cree que los samaritanos fueron un pueblo compuesto por una mezcla de razas. Cuando los asirios capturaron al reino que estaba al norte, el reino de Israel, en el año 722 a.C., dejaron allí a los judíos más pobres y menos instruidos, y llevaron a los demás judíos a Asiria. Enviaron a algunos asirios a vivir a la ciudad de Samaria. Algunos de los judíos que no fueron capturados se casaron con asirias que fueron a vivir a su tierra. Sus hijos eran los que algunas personas denominan "mestizos". Incluso sus creencias religiosas eran con frecuencia una mezcla de las diferentes creencias de sus padres. Estas personas fueron llamadas samaritanos y no eran del agrado de los judíos.

3. Ayer usted marcó *adoran*, *adoráis* y *adoradores*. En el siguiente espacio, haga una lista de lo que aprendió sobre la adoración de los samaritanos y de los judíos a partir de estas marcas.

La adoración de los samaritanos   **La adoración de los judíos**

a. En Juan 4, ¿quién compara la adoración de los samaritanos con la adoración de los judíos y explica cuál es la verdadera adoración? ¿Se puede confiar en su palabra? ¿Está en lo cierto? (Si tiene alguna duda, lea Juan 14:6).

b. Según el versículo 22, ¿de dónde proviene la salvación?

c. Vimos en Juan 1:1-2 que Jesús es Dios y que era en el principio con Dios. Pero también vimos que Él fue hecho carne, que se convirtió en hombre (1:14). ¿Bajo qué nacionalidad nació Jesús?

4. Nació judío. Los judíos eran "los suyos", pero según Juan 1:11, en su mayoría no le recibieron. Tal vez, usted pueda relacionarse con Jesús. De ser así, sepa que Él comprende por lo que usted está pasando.

   a. Lea Juan 4:25 y escriba a quién estaban buscando los samaritanos.

   b. Según Juan 4:26, ¿cómo respondió Jesús a esto?

   c. ¿Cómo respondió la mujer a lo que dijo Jesús? Lea Juan 4:29 y escriba su respuesta.

   d. A continuación haga una lista sobre lo que aprendió ayer al marcar creer y creyeron. Advierta quiénes creen, en qué creen y por qué creen.

5. Sólo quedan tres preguntas para hoy:

   a. ¿A quién adora usted?

   b. ¿En qué lugar adora?

   c. ¿Cómo adora?

Tercer día

1. Lea nuevamente Juan 4:1-42. Mientras lee, pídale a Dios que le hable a su corazón y le muestre la verdad para poder adorarlo en verdad.

A medida que lee, asegúrese de haber marcado toda referencia a la mujer de Samaria. No olvide marcar los pronombres (como por ejemplo, *ella*) que se refieren del mismo modo a la mujer. Asimismo, no olvide marcar la palabra *mujer*.

2. Haga una lista que contenga todo lo que ha aprendido acerca de la mujer en los versículos que marcó.

3. ¿Qué ha aprendido en estos pasajes acerca de la actitud de Jesús hacia las mujeres?

a. Aunque era una samaritana y una mujer inmoral, ¿era esta mujer importante para Jesús? ¿Cómo lo sabe?

b. ¿Cómo trató Jesús a esta mujer?

c. ¿Qué quería para ella?

d. ¿Se sorprendieron los discípulos de Jesús de que Él hablara con esta mujer?

e. ¿Qué podría decirle esto acerca de cómo se trataba a las mujeres en esa época?

f. ¿Fue voluntad de Dios que Jesús tratara a la mujer samaritana en la forma en que Él lo hizo? ¿Qué le dice el texto al respecto?

g. De acuerdo al texto, ¿cuál fue la comida de Jesús?

4. ¿Cuál es la actitud hacia las mujeres en su religión, en su país o en su sociedad? ¿Qué piensan las personas que usted conoce acerca

del nacimiento de niñas y acerca de las mujeres en general? ¿Cómo se las trata? ¿Qué piensa usted acerca de las mujeres y por qué? Escriba sus respuestas y luego compárelas con lo que ha visto en Jesús.

5. Lea Juan 4:43-45.

a. Advierta a dónde se dirige Jesús y márquelo de la misma forma en que ha marcado las referencias geográficas.

b. Marque las palabras *señal (señales)* y *creer (creyeron)*.

c. A continuación, haga una lista que incluya a quiénes creen y por qué.

Cuarto día

1. Lea Juan 5 y marque las siguientes palabras clave: *Padre, vivir (vida), testimonio* y *creer (cree, creyeron)*. Si usted ha marcado anteriormente alguna de estas palabras, márquelas de la misma manera en otros capítulos y en la tarjeta que usa de marcador.

Como le he dicho anteriormente, yo marco toda referencia a Dios el Padre con un triángulo de color amarillo. (Nota: Preste atención cuando marque pronombres que se refieran al Padre porque es fácil confundirse y marcar los que se refieren al Hijo. Simplemente, piense con cuidado ¡y todo andará bien!) Recuerde que yo marqué la palabra *vida* con color azul, ya que la vida proviene de creer, pero luego le hice un recuadro verde para poder distinguir *creer* de *vida*.

2. Regrese al capítulo 5 y vea si es necesario marcar frases de tiempo o sitios geográficos. Si marca lugares, consulte el mapa que figura en el apéndice para encontrar dónde están ubicados.

Quinto día

1. Lea Juan 5:15-47 y marque toda referencia a *Jesús*, incluso los

pronombres y sinónimos, como por ejemplo *Hijo*. Yo marco las referencias a Jesús de esta manera:⊥ , en color amarillo. Recuerde que un sinónimo es otra palabra que tiene el mismo significado o que se refiere a la misma persona, lugar o cosa. En el versículo 7, verá que se utiliza otro sinónimo para referirse a Jesús. Se trata de *Señor*. ¡Asegúrese de no pasarlo por alto! Asimismo, si bien le pido que marque "Jesús" en este capítulo, no siempre marco toda referencia a Él en otros capítulos, porque demasiadas marcas puede resultar confuso. Estamos marcando todas las referencias en este capítulo de modo que pueda ver la relación del Hijo con el Padre.

2. Ahora, a continuación haga una lista acerca de lo que ha aprendido acerca de Dios el Padre y de Dios el Hijo.

Dios el Padre   **Dios el Hijo**

3. Ahora, dedique algunos minutos para pensar acerca de la relación entre el Padre y el Hijo. Recuerde que en Juan 1:18 usted vio que Jesús vino a explicarnos quién era el Padre.

a. Según Juan 5, ¿qué hace Jesús que nos explica quién es el Padre?

b. ¿Cómo debiéramos vivir si quisiéramos explicar a otras personas quiénes son Dios el Padre y Dios el Hijo?

4. A continuación, haga una lista de lo que ha aprendido al marcar las palabras *vida* y *vivir* en este capítulo.

5. Vuelva a pensar en el propósito de Juan que lo motivó a escribir este Evangelio (Juan 20:30-31) y de qué manera lo que él escribe en este capítulo lo ayuda a lograr su objetivo.

6. A partir de lo que usted ha visto en Juan 4 y 5, ¿cree que Jesús sabe que las personas existen? ¿Cree que Él se preocupa por ellas? Explique el por qué de su respuesta.

7. ¿Cree que Dios se preocupa por usted? Si creyera en lo que ha estudiado en el Evangelio de Juan, ¿cómo lo sabría?

8. Por último, anote los temas principales de Juan 4 y 5 en el PANORAMA DE JUAN.

CUARTA SEMANA

Primer día

1. Lea Juan 6.

2. Marque toda referencia a *pan* junto con todos sus sinónimos (*panes, comida, maná, Pan del cielo*) y sus pronombres. Márquelos de la misma manera, porque básicamente se les utiliza para señalar la misma cosa: el pan de vida. (No agregue *pan* a su marcador puesto que es una palabra clave que sólo se emplea en este capítulo).

3. Asimismo, marque toda referencia a los lugares geográficos, como lo ha estado haciendo desde Juan 1. Consulte el mapa que figura en el apéndice para saber en qué sitio sucedieron estos acontecimientos.

4. Juan 6 también hace mención a "la Pascua, la fiesta de los judíos". A medida que lea Juan encontrará muchas referencias a diversas celebraciones a las que asistió Jesús. Para una mejor comprensión de la importancia y significado de estas celebraciones, consulte el cuadro LAS FIESTAS DE ISRAEL que figura en el apéndice. Quizás desee estudiarlo luego de hacer su tarea de la semana.

Además, tal vez quiera marcar de alguna manera especial toda referencia a las fiestas. (Recuerde que ya está marcando la Pascua de los judíos como una señal de tiempo). Yo escribo los nombres de las fiestas en el amplio margen de mi Biblia para poder verlas rápidamente cada vez que un capítulo las menciona.

Segundo día

1. Hoy vuelva a leer Juan 6. Cuando uno está estudiando la Biblia, es interesante releer una y otra vez los capítulos. En realidad, es importante leer varias veces el libro completo que se está estudiando para tener un panorama general. El hecho de leer todo el libro le

ayudará a que todo esté ubicado dentro de su contexto. Recuerde que el contexto es lo que va con el texto, y cuando se trata de comprender correctamente el significado de un capítulo, el contexto es el que debe regir. Dios nunca se contradice, de modo que las Escrituras tampoco se contradicen.

Ayer, cuando leyó Juan 6, usted marcó la palabra *pan* y sus sinónimos. *Pan* es una palabra clave sólo en este capítulo en particular. Como lo expliqué antes, a veces las palabras clave se emplean a lo largo de todo un libro y le ayudan a descubrir cuál es el tema principal del libro. En otras ocasiones, sólo se las emplea en algunos capítulos o segmentos del libro.

Hoy deberá marcar las siguientes palabras clave:

a. *vida (vida eterna)*. Además marque *vivir* como si se hiciera referencia a la vida eterna.

b. *cree (creído, creen, creamos)*

c. *Mi carne, su carne*. Márquelos del mismo modo como marcó *pan*. Lea Juan 6:51 para ver por qué lo está marcando de este modo.

d. *señal (señales)*

2. Haga una lista de lo que ha aprendido al marcar la palabra *señal* (*señales*). Si tiene tiempo, escriba su lista en la **Registro de observación**.

Tercer día

1. Lea nuevamente Juan 6:1-40. En esta ocasión, observe cómo Jesús emplea la señal de los panes y los peces para enseñar a las multitudes. ¿Qué es lo que Él quiere que vean? Escríbalo.

2. Haga una lista sobre lo que aprendió acerca del verdadero pan que desciende del cielo.

3. A continuación, escriba una lista de todo lo que ha aprendido al marcar *vida* y sus sinónimos en Juan 6.

Cuarto día

1. Lea Juan 6:39-59. Marque toda referencia a *resucite* o *resucitaré en el día postrero*. Luego haga una lista con todo lo que aprendió acerca de quién será resucitado en el día postrero.

2. En Juan 6:51-58, cuando Jesús habla de "el que come mi carne y bebe mi sangre." ¿Cree usted que Él está hablando en forma figurada o literal? ¿Por qué? ¿Qué cree que Él quiere decir con esto? ¿Qué es lo que quiere mostrar? Piense acerca de todo el contexto de este capítulo.

3. Cuando Jesús habla de ser resucitado en el día postrero, ¿hay alguna referencia a la reencarnación en su enseñanza? ¿Está hablando de regresar en otra forma; digamos, como un animal o en un nivel diferente?

Piense acerca de la lista que hizo en el número 1, luego lea Juan 5:24-29. Ahora escriba su respuesta según lo que haya visto hasta ahora en el Evangelio de Juan. (Cuando finalice su estudio del Evangelio de Juan, usted tendrá una mayor comprensión de qué es lo que le ocurre a un cristiano, a uno que ha nacido de nuevo, cuando muere).

Quinto día

1. Lea Juan 6:60-71. Marque toda referencia al *Espíritu*. Por lo general yo lo marco así: ⟁ Espíritu (uso un lado del triángulo que empleo para simbolizar a Dios el Padre para el símbolo del Espíritu y luego lo coloreo en amarillo).

2. ¿Cómo respondieron los discípulos en este capítulo a lo que decía Jesús? ¿Por qué?

3. ¿Cómo respondieron los doce?

4. ¿Cómo se siente usted acerca de lo que está diciendo Jesús sobre la vida eterna en este capítulo? Si Él está hablando con la verdad (y lo está), ¿qué le dice esto sobre su futuro?

5. Lea Juan 6:64-71. Anote o marque toda referencia a Judas. Judas fue elegido por Jesús para ser uno de los doce discípulos que irían a todas partes con Él. ¿Qué ha aprendido de estos versículos referente a Judas? Haga una lista a continuación de lo que usted ha descubierto.

6. Si Judas pudo traicionar a Jesús, entonces ¿otros que profesaban ser sus discípulos pudieron haber hecho lo mismo? Dicho de otro modo: ¿cree usted que todos los que dicen ser cristianos realmente lo son sólo porque dicen serlo? ¿Cómo pudiera usted saberlo?

7. A partir de todo lo que ha visto, ¿considera que es posible tener vida eterna fuera de Jesucristo?

8. No olvide registrar el tema de Juan 6 en el PANORAMA DE JUAN.

Bueno, ya ha completado cuatro semanas de estudio y me siento muy orgullosa de usted. Me pregunto si en realidad se da cuenta de todo lo que está sucediendo como resultado de su estudio. No sólo está aprendiendo a estudiar, a desarrollar y reforzar sus capacidades de estudio y comprensión, sino que también está interactuando con la Verdad, ¡con Dios! ¡Qué privilegio el de poder ver y estudiar la verdad por sus propios medios! ¡Estas son palabras de vida!

QUINTA SEMANA

Primer día

Lea la tarea completa para el día antes de comenzarla.

1. Lea Juan 7. Mientras lo hace, preste suma atención a lo que está sucediendo, dónde está sucediendo y cuándo está sucediendo. No se olvide de buscar y marcar los sitios y las referencias de tiempo mientras lee. (Recuerde marcar las fiestas porque le ayudarán en cuanto al tiempo).

Ahora, escriba a continuación sus pensamientos.

¿Qué está sucediendo en Juan 7?

¿Dónde está sucediendo?

¿Cuándo está sucediendo?

2. Al leer nuevamente Juan 7, marque las siguientes palabras junto con sus sinónimos y pronombres: *fiesta, creían (cree, creyeron, etc.), señales*.

3. Asimismo, marque las palabras clave: *el Cristo*. Marque este sinónimo de Jesús de alguna manera especial. En este caso, haga una excepción y no marque otros sinónimos porque lo único que me interesa que usted vea en este capítulo es el empleo del término "el Cristo". (Dicho sea de paso, *Cristo* es sinónimo de *Mesías* y se refiere al que Dios prometió enviar para liberar a los judíos y reinar como su Rey).

Segundo día

1. Lea Juan 7 párrafo por párrafo. En algunas Biblias usted puede darse cuenta de cuándo comienza un párrafo ya que el número del versículo será más oscuro que el de los otros versículos. Recuerde que un párrafo está compuesto por varias oraciones que están agrupadas

porque tienen algo en común, como por ejemplo un determinado pensamiento o hecho.

Al finalizar cada párrafo, resuma en una oración o dos qué ocurre en dicho párrafo. Observe cuándo ocurren cada uno. (La celebración a la que Jesús asiste en Juan 7 es la fiesta de los tabernáculos).

Estas son las divisiones de los párrafos. Escriba su resumen del acontecimiento o enseñanza al lado de cada uno de ellos:

Juan 7:1-9

Juan 7:10-13

Juan 7:14-24

Juan 7:25-36

Juan 7:37-44 (Marque también la palabra *Espíritu* y haga una lista acerca de lo que aprendió acerca del Espíritu en este pasaje).

Juan 7:45-53

2. Ahora haga una lista de todo lo aprendió ayer al marcar *el Cristo*.

3. ¿Quiénes eran los enemigos de Jesús? ¿Quiénes lo odiaban y querían prenderlo y asesinarlo? ¿Qué ha aprendido usted de esto?

4. ¿Todavía no ha encontrado lo que satisface su profundo vacío y anhelo interior? ¿Su religión lo ha satisfecho de veras? ¿Ha

considerado la posibilidad de venir a Jesucristo, aunque eso signifique persecución o muerte?

5. ¿Qué le prometen Juan 6:37,39,44,54?

Piense acerca de todo esto y hable con Dios acerca de ello. Ya seguramente ha visto si la Biblia es la verdadera Palabra de Dios, que Dios sabe de su existencia y que se preocupa por usted. Si no fuera así, Dios no hubiera dado a su Hijo Unigénito para que usted no pereciera y en cambio, tuviera vida eterna (Juan 3:16).

Tercer día

1. Lea Juan 8 y, de una manera diferente, marque cada vez que aparezca la palabra *pecado (pecados)*. (Asegúrese de agregar esta palabra a su tarjeta).

2. Ahora haga una lista de todo lo que aprendió acerca del pecado en Juan 8. Le sugiero que copie esta lista en el margen de su **Registro de observación** cuando la termine.

3. Lea nuevamente el capítulo. Busque señales de tiempo y de lugares. Márquelas de la misma forma como lo hizo en Juan 1-7.

Cuarto día

1. Lea Juan 8:1-11

a. Resuma en unas pocas frases de qué trata este párrafo.

b. Levítico 20:10-16 contiene las leyes referentes a los pecados sexuales, que incluyo a continuación. Léalo atentamente y advierta los diversos tipos de inmoralidad (mal comportamiento sexual) a las que hacen referencia, así como también los castigos correspondientes.

Si un hombre cometiere adulterio con la mujer de su prójimo, el adúltero y la adúltera indefectiblemente serán muertos. Cualquiera que yaciere con la mujer de su padre, la desnudez de su padre descubrió; ambos han de ser muertos; su sangre será sobre ellos. Si alguno durmiere con su nuera, ambos han de morir; cometieron grave perversión; su sangre será sobre ellos. Si alguno se ayuntare con varón como con mujer, abominación hicieron; ambos han de ser muertos; sobre ellos será su sangre. El que tomare mujer y a la madre de ella, comete vileza; quemarán con fuego a él y a ellas, para que no haya vileza entre vosotros. Cualquiera que tuviere cópula con bestia, ha de ser muerto, y mataréis a la bestia. Y si una mujer se llegare a algún animal para ayuntarse con él, a la mujer y al animal matarás; morirán indefectiblemente; su sangre será sobre ellos (Levítico 20:10-16).

De acuerdo con lo que ha visto en Levítico 20:10-16, ¿por qué cree usted que los hombres llevaron a esta mujer que había cometido adulterio a Jesús?

c. ¿Cuántas personas se necesitan para cometer adulterio? ¿Dónde estaba el hombre? ¿Qué demuestra esto respecto al corazón y la intención de estos hombres?

d. ¿Cómo trató Jesús a estos hombres? ¿Qué quería que vieran?

e. ¿Cómo le respondió Jesús a la mujer? ¿Aprobó sus acciones? ¿Pensó que no había pecado?

f. ¿Está usted viviendo una vida sexual pura o es culpable de violar la ley de Dios, según se registra en Levítico 20? A la luz de lo que ha aprendido acerca del pecado al marcar esa palabra en Juan 8, ¿qué le diría Jesús a usted o a cualquier otra persona que viviera de forma inmoral, quebrantando su ley?

2. Lea nuevamente Juan:8:12-32 y marque las palabras clave que ha estado marcando en todo el Evangelio de Juan, si aparecen en estos versículos. También marque las palabras *verdadero* y *verdad*. Luego escriba una lista de todo lo que es verdadero o verdad. Además, registre esta lista en el margen de su **Registro de observación**. (Agregue *verdadero* y *verdad* a su marcador).

3. Cuando observe el texto, no sólo es importante marcar las palabras clave, las ubicaciones geográficas y las referencias de tiempo, sino que también es importante observar *contrastes* y *comparaciones*. Con frecuencia, los contrastes y las comparaciones ayudan al lector a ver con mayor profundidad, en forma más vívida o más descriptiva qué es lo que el autor quiere que entiendan sus lectores. Por lo tanto, cuando estudie la Biblia, observe los contrastes y las comparaciones.

a. Una *comparación* muestra en qué se asemejan las cosas entre sí. En muchas ocasiones, cuando el autor desea comparar algo, emplea palabras como por ejemplo: *como, al igual que, como si fuera.* Observe Juan 8:12. ¿Con qué se compara Jesús en este pasaje?

b. Un **contraste** es una comparación de cosas diferentes u opuestas, tales como los hijos de la noche y los hijos del día, o el orgullo y la humildad. Vuelva a leer Juan 8:12. ¿Qué contraste se observa en este versículo respecto a los que siguen a Jesús? Escríbalo.

4. Ahora lea Juan 8:21-23. ¿A quién le habla Jesús? ¿Qué contraste realiza en estos versículos? Escriba a continuación los contrastes.

Quinto día

1. Según Juan 8:24, ¿por qué los judíos morirían en sus pecados? ¿En qué tenían que creer?

2. Cuando Jesús le dijo a los judíos: "porque si no creéis que yo soy", los judíos le preguntaron quién era Él. Se lo preguntaron porque Jesús acababa de sostener que era Dios, utilizando el mismo nombre que Dios le dio a Moisés para describirse a sí mismo, o sea "YO SOY". Permítame incluir Éxodo 3:13-15 para que pueda verlo por sí mismo. Al leer, advierta que "YO SOY" en Éxodo 3:14 es el nombre con el que recordarían a Dios todas las generaciones venideras.

Dijo Moisés a Dios: He aquí que llego yo a los hijos de Israel, y les digo: El Dios de vuestros padres me ha enviado a vosotros. Si ellos me preguntaren: ¿Cuál es su nombre?, ¿qué les responderé? Y respondió Dios a Moisés: YO SOY EL QUE SOY. Y dijo: Así dirás a los hijos de Israel: YO SOY me envió a vosotros. Además dijo Dios a Moisés: Así dirás a los hijos de Israel: Jehová, el Dios de vuestros padres, el Dios de Abraham, Dios de Isaac y Dios de Jacob, me ha enviado a vosotros. Este es mi nombre para siempre; con él se me recordará por todos los siglos.

3. Cuando hablamos de la deidad de Jesucristo, estamos diciendo que Jesucristo es Dios, uno con el Padre, igual a Él en carácter y en atributos.

a. Lea Juan 1:1-2, 14. ¿De qué manera estos versículos demuestran la deidad de Jesucristo?

b. El Evangelio de Juan subraya el hecho de que Jesucristo es Dios, no *un* dios, sino Dios en carne. De modo que mientras estudie Juan, observe si hay otros versículos que demuestren que Jesús es uno con el Padre o que Jesucristo es Dios.

c. Hay otros dos lugares en Juan 8 donde Jesús se refiere a sí mismo como YO SOY. Búsquelos y escriba qué aprendió.

1) Juan 8:28

2) Juan 8:58-59

Los judíos podían apedrear a quien cometiera blasfemia. Si no hubieran creído que Jesús era Dios cuando Él decía serlo, lo habrían considerado una blasfemia. Esta verdad se desprende de Juan 10:33, versículo que analizaremos más adelante.

4. Según Juan 8:31-32, ¿qué hacen los verdaderos discípulos de Jesús? ¿Qué hace la verdad? ¿Dónde cree usted que se encuentra la verdad?

5. ¿Qué elementos se contrastan en Juan 8:32-36?

6. En Juan 8:37-47, se contrastan dos clases de padres. Haga una lista de lo que aprendió acerca de estos padres y sobre los que les pertenecen.

Dios el Padre   **El diablo**

7. De lo que acaba de observar en la Palabra de Dios, ¿quién diría usted que es su padre y por qué?

8. Si bien Jesucristo es Dios, ¿qué tipo de relación tuvo con el Padre? Lea Juan 8:26-59 y a continuación haga una lista de todo lo que observe en estos versículos en cuanto a la relación de Jesús con el Padre.

En otras palabras, lo que Dios es, lo es Jesús. Lo que Dios puede hacer, puede hacerlo Jesús. Esto es cierto porque tienen la misma naturaleza: ¡la naturaleza de Dios! Jesús también adoptó la naturaleza del hombre, pero Él nunca dejó de ser Dios. Por lo tanto, Jesús tiene una posición única: Él es el Dios-hombre.

Ahora piense en lo que ha escrito y que le demuestra que Jesús es la forma en que usted debe vivir en relación con Dios el Padre.

9. Ahora, debo hacerle algunas preguntas vitales.

a. ¿Cree usted que Jesucristo es Dios? Si responde que no, ¿entonces qué ocurrirá con usted de acuerdo a la Palabra de Dios en Juan 8:24?

b. ¿Y qué le ocurrirá a cualquiera que diga que Jesucristo no es Dios, o que Él es sólo un dios como pudiera serlo usted o cualquier otra persona? ¿Qué les sucederá a esas personas? ¿Qué les sucederá de acuerdo a Juan 8:24? ¿Incluso si son buenas personas? ¿Incluso si creen que Jesús fue un buen hombre, un profeta?

c. ¿Son las palabras de Jesús ciertas? ¿Qué es lo que Él dijo? ¿Usted va a creer en Jesús o en un hombre?

d. Si un hombre no cree en Jesucristo y no es nacido de nuevo, entonces, ¿quién es su padre? ¿Y cómo es su padre? Lea Juan 8:44.

10. Registre los temas de Juan 7 y 8 en el PANORAMA DE JUAN que figura en el apéndice.

Observe todo lo que ha aprendido con sólo estudiar la Palabra de Dios por su propia cuenta. Según Juan 6:63 las palabras que Jesús pronunció "son espíritu y son vida". No deje de estudiarlas. Puede que se haya comprometido a realizar este estudio durante un período de siete semanas. De ser así, en dos semanas habrá cumplido con su compromiso. Es encomiable de su parte. Pero me permito sugerirle que continúe. Hay otras siete lecciones después de la semana próxima, y si las completa, entonces conocerá con bastante profundidad todo el Evangelio de Juan. En verdad le digo: lo mejor está aún por venir. En los capítulos 13-17 usted aprenderá todo acerca de la vida abundante que pertenece a los que han creído que Jesús es el Cristo, el Hijo de Dios, y que al creer tienen vida en su nombre.

Permítame rogarle que no deje de estudiar, como sé que todavía quedan por aprender otras verdades alentadoras y que pueden cambiarle la vida. Sé cómo han bendecido a multitudes y no quiero que usted se pierda esa bendición.

SEXTA SEMANA

Primer día

Lea Juan 9. Cuando lea este capítulo, busque palabras clave repetidas y márquelas. Haga lo mismo con señales de tiempo y de ubicación geográfica.

1. A continuación, haga una lista de las palabras clave.

2. Ahora, responda algunas de las preguntas fundamentales:

a. ¿De QUÉ trata este capítulo?

b. ¿QUIÉNES son los personajes principales de este capítulo? Escriba una lista con sus nombres.

c. ¿DÓNDE tienen lugar los acontecimientos? (Si no puede encontrar la respuesta en el capítulo 9, entonces vuelva a leer el final del capítulo 8).

d. ¿CUÁNDO ocurre todo esto? ¿En qué día de la semana?

Segundo día

1. Lea otra vez Juan 9. Si no marcó las siguientes palabras clave, marque cada una de ellas en forma especial, para poder detectar fácilmente el lugar donde aparecen en este capítulo: *señales, pecado (pecó, pecador, pecadores), ciego, creer, ver (ve, veo, vea, visto, vean, vemos, vista)*.

Yo marqué la palabra *ver* y sus sinónimos con dos ojos: Luego, la coloreé con amarillo para representar el hecho de que ahora podían ver. Marqué *ciego* de la misma forma, pero de color marrón, porque no podían ver. Sólo estoy compartiendo esto con usted para darle ideas acerca de cómo marcar las palabras. ¡A veces ayuda ver lo que hacen otras personas!

2. A continuación haga una lista acerca de lo que aprendió sobre los principales personajes de Juan 9.

Jesús   **El hombre ciego**   **Sus padres**   **Los judíos**

3. Ahora, observe las palabras clave que marcó. Si tiene tiempo, tal vez desee tomar una hoja de papel y anotar todo lo que aprendió al marcar cada una de estas palabras. Cada vez que aparezca una de ellas, realice las preguntas fundamentales. (Puede ser que en algunas ocasiones encuentre respuesta a sólo una de las preguntas fundamentales).

Cuando uno se toma el tiempo de preparar listas, generalmente ve cosas nuevas que pasó por alto, cuando simplemente estaba leyendo el texto. Además, esto le da tiempo para pensar acerca de lo que dice la Palabra de Dios y cómo se aplica a su vida.

Asimismo, le sugiero que registre sus listas en las hojas de trabajo.

Tercer día

Juan 10 es un capítulo maravilloso. Sé que será una gran bendición para su vida.

1. Lea el capítulo y marque toda referencia a *ovejas*. Marque todo pronombre, como por ejemplo *las o ellas*, que se refiera a las ovejas. Además, asegúrese de marcar *rebaño*.

2. Observe la palabra *ciegos* y márquela en la misma forma como lo hizo en el capítulo 9.

Cuarto día

1. Lea nuevamente Juan 10. Busque las señales de tiempo y de lugar y márquelas. También marque las siguientes palabras clave y sus pronombres: *pastor* (los pronombres serían *yo, él, éste, le, mí, me*), *los judíos, creéis (creáis, creed, creyeron), señal, la puerta, el ladrón* y *el Cristo*.

Si bien ambos sinónimos se refieren a Jesús, no marque *el Cristo* de la misma forma como marcó *pastor*. Y recuerde que *el Cristo* se refiere al Mesías cuya llegada fue prometida en el Antiguo Testamento, el que salvaría y liberaría a los judíos. También recuerde que Juan escribió esto porque quería que otros supieran y creyeran que Jesús era el Cristo. Por lo tanto, quiero que marque *el Cristo* de una manera especial que le permita rápidamente ver cómo se usa. Márquelo como lo hizo anteriormente en el capítulo 7.

2. Después que haya marcado las palabras clave, haga una lista que contenga todo lo que ha aprendido acerca del Pastor y las ovejas.

El Pastor   **Las ovejas**

3. Puesto que también marcó toda referencia al ladrón, veamos qué podemos aprender de él.

a. ¿Con quién se contrasta al ladrón? Haga una lista con las diferencias entre los dos personajes.

b. Si Jesús es el pastor, ¿a quién cree usted que representa el ladrón? Si no conoce la respuesta, puede volver a leer Juan 8:44 y encontrar las similitudes que hay entre el que se menciona en Juan 8:44 y el ladrón. Escriba su respuesta.

Quinto día

1. Cuando lea un capítulo que contenga una enseñanza en particular, como lo hace Juan 10 acerca de las ovejas y el pastor, siempre es conveniente descubrir qué fue lo que ocasionó o dio lugar a la enseñanza. Entonces, piense acerca de lo que acaba de ocurrir en Juan 9 y cómo se relaciona con la enseñanza del capítulo 10. También recuerde qué vio cuando marcó la palabra *ciegos* en el capítulo 10, puesto que Jesús y quienes lo rodeaban aún estaban discutiendo lo que había sucedido en Juan 9.

a. ¿Los fariseos (judíos) querían ir al cielo?

b. ¿Estaban dispuestos a atravesar "la puerta" (Jesús)?

c. ¿De qué acusaban los judíos a Jesús en Juan 10:33?

d. ¿Los judíos eran "ciegos" respecto a quién era Jesús? Por lo tanto, ¿eran ellos ovejas y formaban parte de su redil?

Por supuesto, los judíos no estaban dispuestos a pasar por Jesús, la puerta del redil. Entonces, Jesús les habló acerca de las ovejas y un pastor.

2. Analice Juan 20:30-31, donde aparece el motivo por el que Juan escribió este Evangelio.

    a. ¿Cómo es que los capítulos 9 y 10 le ayudan a Juan a lograr el objetivo que tenía en mente al escribir su evangelio?

    b. Sólo en el caso de que lo haya pasado por alto, lea nuevamente Juan 10:30-39. ¿De qué manera demuestran estos versículos la deidad de Jesucristo (el hecho de que Jesús es Dios, uno con el Padre en carácter y atributos tales como la santidad, la justicia, la misericordia y el amor)?

3. Cuando estudie su Biblia, le recomiendo que escriba referencias cruzadas en el margen. Una *referencia cruzada* es el libro, el capítulo y el versículo de otra parte de la Biblia que dice lo mismo que usted está estudiando o que es una referencia que le ayuda a comprender con mayor claridad lo que está estudiando.

Debido a que la deidad de Jesucristo es tan importante, es conveniente establecer un sistema de referencias cruzadas que apunten a todo lugar donde se menciona esta enseñanza.

Por ejemplo, si usted quiere realizar una referencia cruzada de la palabra *deidad* en el Evangelio de Juan, debe escribir DEIDAD en el margen de su Biblia junto a Juan 1:1. Debajo coloque la siguiente referencia en Juan que demuestra específicamente que Jesús es Dios. Entonces, al margen de Juan 1:1 escriba   DEIDAD

Juan 1:14

Luego, vaya a Juan 1:14 y en el margen escriba DEIDAD. Debajo de ese término coloque la siguiente referencia a la deidad de Cristo, que es Juan 8:24. Junto a Juan 8:24, escriba DEIDAD y Juan 8:58; luego junto a Juan 8:58 escriba DEIDAD y Juan 10:30-33.

4. Analice lo que ha observado y la lista que hizo ayer sobre las ovejas y el pastor.

5. Al final de esta lección, hay una sección titulada CARACTE-RÍSTICAS DE LAS OVEJAS. ¡Sé que disfrutará de su lectura! Son sumamente interesantes y le ayudarán a apreciar lo que dice Jesús en Juan 10. (Recuerde que los judíos de la época de Jesús estaban mucho más familiarizados con las ovejas de lo que lo estamos muchos de nosotros en la actualidad).

Después de que haya leído CARACTERÍSTICAS DE LAS OVE-JAS, haga una lista de las formas en que lo relaciona con lo que acaba de aprender. ¿Cómo se asemeja usted a las ovejas?

6. Según lo que ha aprendido en Juan 10:

a. ¿Cuál es la única forma de ingresar al redil de Dios?

b. ¿Qué les sucederá a las ovejas de Dios?

c. ¿Es Jesucristo su pastor o le gustaría que lo fuera? ¿Le gustaría formar parte de su rebaño? ¿Por qué o por qué no?

d. Escriba una oración a Dios y dígale lo que siente en su corazón y cómo se siente acerca de lo que acaba de aprender de su mensaje en Juan 9 y 10.

7. Anote los temas de Juan 9 y 10 en el PANORAMA DE JUAN.

CARACTERÍSTICAS DE LAS OVEJAS

1. La vida de una oveja depende en gran parte de qué tipo de pastor la cuida. Si la oveja tiene un pastor malvado o cruel, probablemente sufrirá y su vida será difícil. Si el pastor es perezoso y no se ocupa de la oveja, ella podría tener hambre y hasta llegarse a morir de inanición.

Claro que si el pastor fuera amable y valiente, y no pensara primero en sí mismo, entonces la oveja crecería sana, fuerte, satisfecha y feliz.

2. Más que cualquier otro animal, la oveja necesita atención y cuidados. El pastor debe proteger a la oveja de pumas, lobos, perros y ladrones. El pastor debe proteger a su oveja *en todos los momentos* del día y la noche. (Como usted sabe, Dios es su Pastor ¡y Él también lo protege todo el tiempo!).

3. Las ovejas son animales tímidos y temerosos. Se asustan con mucha facilidad. Este temor les impide hacer muchas cosas que son positivas para ellas.

4. Las ovejas tienen "mentalidad de masa" — tienen "instintos de tropilla" — y siempre harán lo que hagan las demás ovejas. Si una oveja se asusta y corre, todas las demás la seguirán, aunque no sepan por qué están corriendo.

5. Las ovejas son animales de costumbre. Les gusta hacer lo mismo una y otra vez. Siempre pastarán en la misma tierra hasta que prácticamente arruinen el suelo y luego comerán pasto de mala calidad.

6. A las ovejas también se las conoce por ser animales muy testarudos. Necesitan de un pastor que las guíe.

7. Las ovejas son animales muy tontos. En ocasiones sólo se paralizarán si perciben situaciones de peligro. Otras veces, ni siquiera intentarán refugiarse. Sentirán pánico y ni siquiera emitirán un sonido.

8. Es fácil darse cuenta de quién es su dueño porque cada pastor marca a sus ovejas. Esa marca es como una marca registrada. El pastor

pone una marca en cada una de las orejas de los animales. Y cada pastor marca a sus ovejas de la misma manera.

9. Las ovejas no se echarán a descansar, a no ser que:

a. no sientan miedo

b. se sientan a gusto con las demás ovejas

c. no haya moscas o insectos que las molesten

d. no sientan hambre

10. Las ovejas se "embisten" unas a otras con su cabeza. También tienen un "orden de embestida". Por lo general, la oveja más vieja tiene la posición más alta de poder. Si una oveja más joven está pastando en un lugar en el que desea pastar la más vieja, le dará un topetazo a la más joven y la quitará del medio. Las ovejas jóvenes actuarán del mismo modo con ovejas más jóvenes que ellas. PERO cuando llega el pastor, las ovejas se olvidan del motivo de su pelea y se comportan bien.

11. Una oveja debe contar con buena tierra para alimentarse ¡o de lo contrario tendrá hambre! Si una oveja siente hambre, se mantendrá de pie y buscará constantemente comida para satisfacer su apetito. Las ovejas no pueden dormir si tienen hambre y no le sirven de mucho a su dueño si permanecen en ese estado. Se ponen nerviosas e inquietas con muchas facilidad y si no comen la comida adecuada, les ocurrirán todo tipo de cosas que las perturben.

12. A las ovejas las perturban toda clase de moscas, mosquitos, jejenes y demás insectos voladores. Muchos de estos insectos apuntarán directamente al hocico de las ovejas. Si penetran en la nariz de las ovejas, pueden depositar allí sus huevos. Cuando los huevos maduran, las larvas se meten en los pasajes de la nariz y les ocasionan hinchazón, irritación y, en ocasiones, ceguera. Las ovejas golpearán sus cabezas contra árboles o rocas para intentar sacarse de encima estas pestes que tanto las molestan y, a veces, esto puede ocasionar su propia muerte. Otras ovejas sacudirán sus cabezas durante horas y horas. Algunas correrán hasta caer por haber corrido tanto. La primera vez que un buen pastor observa esto, coloca aceite en la cabeza de las ovejas y alrededor del hocico, pues esto las calma.

13. ¡Las ovejas deben tener agua! El cuerpo de una oveja está compuesto por setenta por ciento de agua, por lo tanto el agua tiene

mucho que ver con cuán saludable y fuerte está una oveja. Las ovejas obtienen agua principalmente de tres lugares:

a. manantiales y arroyos

b. pozos profundos

c. el rocío sobre el pasto (Sí, ¡el rocío sobre el pasto!)

Las ovejas pueden aguantar durante largos períodos si logran obtener el rocío sobre el pasto temprano por la mañana antes de que el sol lo evapore.

14. A veces las ovejas se echan sobre sus lomos y no pueden volver a levantarse por sus propios medios. Si el pastor no acude rápidamente a la oveja, ¡ésta puede morir! Después que el pastor encuentra a la oveja en esta posición, le habla suavemente y frota sus patas para que vuelva la  circulación. Una oveja llega a esta situación porque está buscando un lugar tranquilo, porque tiene demasiada lana o porque está demasiado gorda.

15. En el redil — el lugar en el que duermen las ovejas — el pastor se acuesta en la puerta para cuidar a las ovejas. Si los ladrones o depredadores intentan entrar y lastimar a las ovejas, tienen que pasar por donde está el pastor, porque él es la puerta.

SÉPTIMA SEMANA

Primer día

Lea Juan 11.

1. Marque toda ubicación geográfica y búsquela en su mapa. Observe también las señales de tiempo. Necesitará volver a Juan 10:40 y cerciorarse que marcó esa referencia para poder comprender dónde se encuentra Jesús en Juan 11:6.

2. Marque las siguientes palabras clave: *muerte (muerto, muriera, muramos, muera, morir), cree (creáis, crean, creyeron), vida, ciego* (recuerde la forma como marcó esta palabra en Juan 9 y 10).

Segundo día

Lea nuevamente Juan 11.

1. Esta vez, marque toda referencia a las siguientes personas: *Lázaro, Jesús, Marta, María, el Cristo.*

2. Haga una lista con todo lo que aprendió acerca de Jesús y Lázaro en este capítulo.

Jesús   **Lázaro**

Tercer día

1. Lea nuevamente Juan 11 y enumere todo lo que aprendió acerca de María y Marta.

María   **Marta**

2. Como mencioné anteriormente, cuando lea la Palabra de Dios es conveniente comparar las Escrituras entre sí. Por lo tanto, para poder obtener un mayor discernimiento acerca de María y Marta, le será de gran ayuda leer Lucas 10:38-42. A medida que lee, observe qué puede aprender acerca de Marta y María. A continuación encontrará ese pasaje, junto con dos columnas para que anote cualquier otra cosa que haya aprendido acerca de cada una de estas mujeres.

Aconteció que yendo de camino, entró en una aldea; y una mujer llamada Marta le recibió en su casa. Esta tenía una hermana que se llamaba María, la cual, sentándose a los pies de Jesús, oía su palabra. Pero Marta se preocupaba con muchos quehaceres, y acercándose, dijo: Señor, ¿no te da cuidado que mi hermana me deje servir sola? Dile, pues, que me ayude. Respondiendo Jesús, le dijo: Marta, Marta, afanada y turbada estás con muchas cosas. Pero sólo una cosa es necesaria; y María ha escogido la buena parte, la cual no le será quitada.

María   **Marta**

3. Ahora, de acuerdo a lo que observó acerca de María y Marta, conteste estas preguntas:

a. ¿Quién se parece más a usted? ¿Por qué?

b. ¿Qué puede aprender de Lucas 10:38-42 que pueda aplicar a su propia vida?

Cuarto día

1. ¿Qué cree usted que le sucede a una persona cuando muere?

2. ¿De dónde provienen sus creencias o en qué se basan?

3. ¿Cree usted que puede confiar en ellas? ¿Por qué?

4. Vamos a tomarnos unos momentos para observar qué dice la Palabra de Dios acerca de lo que ocurre cuando muere una persona.

Busque las siguientes referencias en su Biblia o en sus hojas de trabajo. (Si no tiene una Biblia, encontrará aquí impresas todas las referencias de otros libros que no sean el Evangelio de Juan).

Al leerlas, recuerde que esta es la Palabra de Dios. Escriba (o subraye en las referencias que le mencioné) qué aprendió acerca de las personas que creyeron en el Señor Jesucristo y, por lo tanto, han nacido de nuevo.

a. Juan 3:16

b. Juan 5:21,24

c. Juan 6:37,39,44

d. Juan 8:51

e. Filipenses 1:21-23

Porque para mí el vivir es Cristo, y el morir es ganancia. Mas si el vivir en la carne resulta para mí en beneficio de la obra, no sé entonces qué escoger. Porque de ambas cosas estoy puesto en estrecho, teniendo deseo de partir y estar con Cristo, lo cual es muchísimo mejor.

f. Juan 14:1-3

g. 2 Corintios 5:8

Pero confiamos, y más quisiéramos estar ausentes del cuerpo, y presentes al Señor.

h. Apocalipsis 21:3-4,6

Y oí una gran voz del cielo que decía: He aquí el tabernáculo de Dios con los hombres, y él morará con ellos; y ellos serán su pueblo, y Dios mismo estará con ellos como su Dios. Enjugará Dios toda lágrima de los ojos de ellos; y ya no habrá muerte, ni habrá más llanto, ni clamor, ni dolor; porque las primeras cosas pasaron.

Yo soy el Alfa y la Omega, el principio y el fin. Al que tuviere sed, yo le daré gratuitamente de la fuente del agua de la vida.

Quinto día

1. Hoy vamos a ver qué les ocurre a quienes no creen que Jesús es el Cristo, el Hijo de Dios, y por lo tanto no viven en su nombre. Lea los siguientes pasajes de la Biblia. Anote o subraye lo que ha aprendido acerca de los que no creen.

a. Juan 3:36

b. Juan 5:28-29 (Advierta el contraste que aquí se presenta entre los hechos buenos y los malos. Sus hechos muestran a quién le pertenece usted y a quién sirve.)

c. Juan 8:24

d. Apocalipsis 21:8

Pero los cobardes e incrédulos, los abominables y homicidas, los fornicarios y hechiceros, los idólatras y todos los mentirosos tendrán su parte en el lago que arde con fuego y azufre, que es la muerte segunda.

e. Apocalipsis 20:11-15

Y vi un gran trono blanco y al que estaba sentado en él, de delante del cual huyeron la tierra y el cielo, y ningún lugar se encontró para ellos. Y vi a los muertos, grandes y pequeños, de pie frente a Dios; y los libros fueron abiertos, y otro libro fue abierto, el cual es el libro de la vida; y fueron juzgados los muertos por las cosas que estaban escritas en los libros, según sus obras. Y el mar entregó los muertos que había en él; y la muerte y el Hades entregaron los muertos que había en ellos y fueron juzgados cada uno según sus obras. Y la muerte y el Hades fueron lanzados al lago de fuego. Esta es la muerte segunda. Y el que no se halló inscrito en el libro de la vida fue lanzado al lago de fuego.

2. Haga una lista de lo que ha aprendido de marcar la palabra *cree* (*creáis, crean, creyeron*) en Juan 11.

3. Ahora que sabe que Cristo murió por usted, ¿ha creído?

Jesús lo amó y murió por usted cuando usted era un pecador. Él no le pide que cambie o que se vuelva puro. Él lo toma tal como usted es. Sin embargo, cuando usted llega a Él, creyendo que Él es Dios, el Cordero de Dios que toma sus pecados, entonces se convierte en su Pastor y le otorga la vida eterna. Usted nunca perecerá, nadie lo quitará de la mano de Dios. Y Él lo resucitará y usted vivirá con Él por siempre jamás, puesto que Él le da vida, eterna y abundante.

OCTAVA SEMANA

Primer día

1. Lea Juan 11:54-57. Este es un pasaje muy significativo porque contiene información importante acerca de Jesús y su ministerio. Responda las siguientes preguntas correspondientes a estos versículos y anote el número del versículo de dónde obtiene su respuesta:

    a. ¿Qué iba a cambiar en el ministerio de Jesús? En otras palabras, ¿de quién se estaba apartando Jesús?

    b. ¿Qué momento del año era? ¿Cuál era la celebración más próxima? Observe su cuadro de fiestas y tome nota de cuándo se celebró este acontecimiento.

    c. Dos grupos de personas estaban ansiosos por ver a Jesús. ¿Quiénes eran y qué querían saber?
    1)
    2)

2. Anote el tema de Juan 11 en el PANORAMA DE JUAN.

3. Lea Juan 12 párrafo por párrafo. (Recuerde que en algunas Biblias usted puede saber cuándo comienza un párrafo porque el número del versículo tiene un color más oscuro que el resto).

Al leer Juan 12 párrafo por párrafo, observe y marque dos cosas:

    a. Como lo ha hecho anteriormente, marque toda referencia al tiempo y a ubicaciones geográficas. Esto le ayudará a comprender el contexto cronológico y geográfico de estos acontecimientos. Recuerde que cuando hablamos de contexto cronológico nos estamos refiriendo al orden o la secuencia de tiempo de los acontecimientos y a cómo uno le sigue al otro. No olvide observar el mapa para ubicar los sitios mencionados. También recuerde que si Dios nos dice estas cosas en su Palabra, es porque Él desea que las conozcamos.

b. Advierta las diferentes personas con las que se encuentra Jesús en este capítulo y observe cuál es la respuesta de ellos a Él. En el margen de su Registro de observación sobre Juan 12 resuma dónde se encuentra Jesús y qué está haciendo o con quién está.

Por ejemplo, en el margen de Juan 12:1, usted va a escribir algo así como:

> En Betania
> con Lázaro,
> María, Marta

Luego, junto a los versículos 9-11 usted escribiría:

> La multitud va a ver a Lázaro.
> Los sacerdotes traman la muerte de Lázaro.

El hecho de hacer un ejercicio así, observando un capítulo párrafo por párrafo, le ayuda a ver todo lo que cubre ese capítulo.

Segundo y tercer día

1. Lea de nuevo Juan 12. Esta vez, busque señales de tiempo y de lugares. Asimismo, deberá marcar las palabras clave que aparecen en la lista del punto número 2. Asegúrese de que todas ellas estén incluidas en su marcador. Al marcar las palabras, continúe haciendo las seis preguntas fundamentales.

2. Ahora haga una lista de todo lo que aprendió acerca de las palabras marcadas. Recuerde analizar lo que aprendió haciendo las seis preguntas fundamentales (quién, qué, cómo, cuándo, dónde y por qué). Al formular estas preguntas, obtenga sus respuestas a partir de lo que dicen los versículos. No les añada sus propios pensamientos. Entonces sabrá que está manejando apropiadamente la Palabra de Dios. (Le daré un ejemplo de cómo aplicar las seis preguntas fundamentales sobre la palabra rey).

a. Rey (Observe quién es el rey, de quién es el rey, qué se dice de Él, cómo vendrá y cómo se lo reconocerá).

b. *señal (señales)* (Advierta a qué señal se hace referencia y cuál fue la respuesta a la(s) señal(es)).

c. *hora*

d. *Hijo del Hombre*

e. *creer (creyeron, creed, cree)*

f. *juzgar (juzgue, juzgo, juzgará)*

g. *luz*

h. *vida eterna (vida)*

i. *mundo*

Cuarto día

1. Lea Juan 13. Preste suma atención sobre qué acontecimientos trata este capítulo, dónde suceden, qué ocurre y por qué sucede o se realiza, qué significa, quién es señalado en este capítulo y por qué. Asimismo, observe qué dice Jesús en este capítulo y a quién se lo dice. Marque las señales de tiempo y de lugar como lo ha hecho antes. (En otras palabras, lea este capítulo y, mientras lo hace, aplique las seis preguntas fundamentales).

Además, observe y señale toda palabra clave que haya marcado previamente. Marque las palabras *amor*, *améis* y *amó*. (Agréguelas a su marcador, junto con la palabra ama puesto que las buscaremos en varios de los capítulos siguientes).

2. Cuando termine de leer este capítulo y finalice el punto número uno, anote alguna de sus observaciones. Sea breve y conciso en sus respuestas.

    a. ¿De qué trata este capítulo?

    b. ¿Quiénes son los personajes principales en este acontecimiento y qué puede aprender de cada uno de ellos?

    c. ¿Por qué lavó Jesús los pies de sus discípulos? ¿Lavó los pies de todos los discípulos? ¿Excluyó a Judas? ¿Qué significado tiene esto para usted?

    d. ¿Cuándo tiene lugar el acontecimiento descrito en Juan 13? ¿Por qué sucede en ese momento?

    e. ¿Qué lecciones o verdades enseña Jesús en este capítulo y a quiénes se aplican?

Quinto día

1. En Juan 12:23,27 y 13:1 Jesús se refiere a "la hora", "esta hora", "su hora". De la observación del texto, ¿a qué hora cree usted que se está refiriendo Jesús?

2. Busque las siguientes referencias en Juan y anote lo que aprende de cada uso de la frase "Su (mi) hora aún no ha llegado". Advierta en qué momento se dice esa frase y qué está ocurriendo cuando se la pronuncia.

   a. Juan 2:4

   b. Juan 7:30

   c. Juan 8:20

3. Ahora a la luz de lo que ha observado en Juan 12 y 13 acerca de "la hora", ¿qué ha aprendido sobre la muerte de Jesucristo? ¿Fue un accidente o fue planeada? Y, según su opinión, ¿quién la planeó?

4. Según Juan 12:23-27, ¿por qué vino Jesús?

5. Cuando estudiemos Juan 19, veremos en detalle la forma en que murió Jesús. Fue crucificado. Eso significa que Él fue clavado a una cruz y colgó de allí hasta morir. Observe Juan 12:32-33. ¿Sabía Jesús cómo iba a morir? Explique cómo lo sabe a partir de esos versículos.

6. En todo el Evangelio de Juan y en los otros evangelios (Mateo, Marcos y Lucas), a Jesús se lo menciona como "el Hijo del Hombre". En

Juan 1:1-3, 14 vemos que Jesús era Dios, uno con el Padre, el Creador de la tierra, el Verbo (Palabra) de Dios que se convirtió en carne y vivió entre nosotros. Por lo tanto, Él también fue el Hijo del Hombre. En otras palabras, Dios se convirtió en hombre. Sin embargo, puesto que Jesús nació de una virgen y Dios fue su Padre, entonces Jesús no nació con pecado como usted y yo. Jesús era exento de pecado.

Los evangelios de Mateo, Marcos y Lucas nos dicen que Jesús fue tentado por el diablo al igual que el primer hombre y la primera mujer, Adán y Eva. Pero, a diferencia de ellos, Jesús no cedió ante la tentación. Él no pecó. Como vimos en los capítulos 5 y 8 de Juan, Jesús siempre y solamente hizo lo que le complacía al Padre. Por lo tanto, Él no pecó. Si Él hubiera pecado, Jesús hubiera tenido que morir por su propio pecado. Pero como Él no pecó, pudo morir en lugar de nosotros por nuestros pecados. Por eso es que Jesús se convirtió en el Hijo del Hombre.

En otro libro de la Biblia, Hebreos, leemos estos versículos:

Así que, por cuanto los hijos participaron de carne y sangre, él también participó de lo mismo, para destruir por medio de la muerte al que tenía el imperio de la muerte, esto es, al diablo; y librar a todos los que por el temor de la muerte estaban durante toda la vida sujetos a servidumbre (Hebreos 2:14-15).

Lo que Dios dice es que, como usted y yo somos seres humanos, Jesús se convirtió en hombre, el Hijo del Hombre, carne y sangre, con el propósito de morir por nosotros. Nuestro pecado le da al diablo poder sobre nosotros porque la paga del pecado es la muerte. Sin embargo, cuando Jesús murió por nosotros y pagó por nuestros pecados, Él nos abrió el camino para liberarnos del poder del diablo y de la muerte.

Piense conmigo, acerca de lo que hemos visto hasta ahora en el Evangelio de Juan.

En Juan 8:34 aprendimos que quienquiera que cometa pecado es esclavo del pecado. Pero, en Juan 8:36 vimos que el Hijo puede liberarnos. También vimos en Juan 8:44 que el diablo es el padre de los que no creen en Jesús, pero que cuando creemos en Jesús, creemos en la verdad y Dios se convierte en nuestro Padre. (Recuerde que

Juan 1:12 nos dijo que Dios les da a los que reciben a Jesús el poder de convertirse en hijos de Dios).

Para creer en Jesús debemos creer que Jesús es Dios — YO SOY — y recibirlo como nuestro Dios y Salvador, el que quita nuestros pecados. Después que lo hayamos hecho, se rompe el poder del diablo sobre nosotros porque, como dice Juan 12:31, el príncipe de este mundo (el diablo) es echado afuera.

Cuando creemos en Jesús nacemos de nuevo; nacemos de nuevo dentro de la familia de Dios. Entonces no continuamos viviendo en las tinieblas, sino que tenemos la luz de la vida, de la vida eterna (Juan 12:46). Ya no somos más ciegos, sino que tenemos la luz de la vida. Jesús es la luz de la vida (Juan 8:12) y nos convertimos en hijos de luz (Juan 12:36). Somos el fruto de la muerte de Jesús (Juan 12:24-25) y lo serviremos siguiéndolo (Juan 12:26). Y si vamos a seguirlo, necesitamos servir a otros, "lavar sus pies" en forma figurada; en otras palabras, servirlos con amor. ¿Y cómo sabrán los hombres que somos discípulos (seguidores) de Jesucristo? Porque nos amamos los unos a los otros (Juan 13:34-35).

7. No olvide anotar los temas de Juan 12 y 13.

Dios sí existe. Sí se preocupa, al igual que Jesús. Por eso es que Dios envió a Jesús y por eso Jesús murió.

¿Conoce Él su existencia? Sí. Usted es algo precioso para Él, tan precioso que permitió que su Hijo fuera crucificado por usted.

Hombre o mujer, niño o adulto, prisionero o libre, de baja o alta casta, instruido o no, a Él no le importa. Él lo ama y quiere ser su Padre. Por eso fue levantado el Hijo del Hombre, al igual que la serpiente fue levantada en el desierto (Juan 3:14). La serpiente representaba el pecado. Jesús fue levantado en la cruz y Dios puso todos los pecados de usted, todos mis pecados, todos los pecados del género humano, en Él. Y Jesús, quien no conocía el pecado, fue hecho pecado por nosotros para que pudiéramos tener su justicia.

La salvación, la vida eterna, la libertad de la esclavitud del pecado son suyos si simplemente cree en el Señor Jesucristo y lo recibe como su Dios y Salvador. Entonces será hijo de Dios para siempre.

Piense en todo lo que esto significa . . . y hable con Dios acerca de ello. Quizás hasta desee escribir su oración a Él.

NOVENA SEMANA

Primer día

1. Lea Juan 14. Busque señales de tiempo y de lugar y marque las siguientes palabras clave con una forma y color diferentes: *amáis (ama, amado, amaré, amará), cree (creéis, creed, creáis), Jesús.*

No olvide marcar los pronombres que hacen referencia a Jesucristo. Al marcar los pronombres, asegúrese de que se refieren a Jesús y no a otra persona.

2. Si alguien le preguntara de qué trata Juan 14, ¿qué le diría?

3. Responda las siguientes preguntas:

a. Jesucristo está en el aposento alto. ¿En qué momento dice lo que aparece en Juan 14? Si no puede determinarlo a partir de la lectura de Juan 14, ¿dónde pudiera buscarlo? Así es, muy bien. En Juan 13.

b. ¿A quiénes le está diciendo esas cosas?

c. ¿Dónde está Judas?

Segundo día

1. Vuelva a leer Juan 14. En esta ocasión, busque y marque toda

referencia al Espíritu. Asimismo, marque todos los pronombres o sinónimos que se refieran al Espíritu. Búsquelos con cuidado.

2. Recuerde que el propósito de Juan al escribir era el de contarnos acerca de algunas de las señales que dio Jesús para que creyéramos que Él es el Cristo, el Hijo de Dios, y que al creerlo, tuviéramos vida en su nombre.

A partir de ahora, Jesús no está ministrando al público. En cambio, Él está compartiendo su tiempo con sus discípulos. Él desea que comprendan la vida que Él vino a darles. Por lo tanto, les enseñará acerca de esta vida, qué pueden esperar, cómo deben vivirla y quién les ayudará.

Por eso, estos capítulos son de suma importancia. Si aprende sus verdades y las comprende, entonces usted sabrá cómo vivir y tendrá esa vida abundante que Jesús prometió en Juan 10:10, aun cuando atraviese pruebas y tribulaciones.

Busque Juan 16:33, donde terminan las enseñanzas de Jesús a sus discípulos. Este versículo dice por qué Jesús habló "estas cosas" en Juan 13-16 a sus discípulos. A continuación escriba cuál cree que es el motivo y luego téngalo presente mientras estudia estos capítulos.

3. Haga una lista de todo lo que aprendió acerca de Jesucristo en Juan 14. Le sugiero que haga esa lista en una hoja por separado y luego, cuando la termine, cópiela en el cuadro QUÉ ENSEÑA JUAN 14-16 ACERCA DEL PADRE, DEL HIJO Y DEL ESPÍRITU SANTO, que aparece al final de la decimoprimera semana. Será una lista larga, pero de gran importancia.

Tercer día

1. Haga una lista que contenga todo lo que aprendió en Juan 14 al marcar las referencias al Espíritu Santo. Cuando termine, cópiela en el cuadro QUÉ ENSEÑA JUAN 14-16 ACERCA DEL PADRE, DEL HIJO Y DEL ESPÍRITU SANTO, que aparece al final de la decimoprimera semana (p. 100).

2. Ahora lea Juan 14 y marque toda referencia al Padre, junto con los pronombres y sinónimos que se refieran a Él. Cuando haya terminado, haga una lista en una hoja por separado acerca de qué aprendió en Juan 14 sobre el Padre. Agregue esta información al cuadro QUÉ ENSEÑA JUAN 14-16 ACERCA DEL PADRE, DEL HIJO Y DEL ESPÍRITU SANTO.

3. Anote el tema de Juan 14 en el PANORAMA DE JUAN.

Cuarto día

1. Lea Juan 15. Busque las señales de tiempo y lugar y marque toda referencia al Padre, al Hijo y al Consolador (o Espíritu de verdad) del mismo modo como los marcó en Juan 14.

2. Ahora vuelva a leer Juan 15. Esta vez marque las siguientes palabras clave: *permanece (permaneced, permanecéis, permanecen, etc.), amor (amado), aborrece (aborrecido, aborrecieron), mundo.*

Quinto día

1. En el cuadro QUE ENSEÑA JUAN 14-16 ACERCA DEL PADRE, DEL HIJO Y DEL ESPÍRITU SANTO, haga una lista de lo que aprendió en Juan 15 sobre cada persona de la Trinidad.

2. Hoy, antes de seguir adelante, hablemos por un momento acerca de las figuras del lenguaje.

Una *figura del lenguaje* es una palabra, una frase o una expresión empleada en forma imaginativa más que en forma literal. Cuando las personas escriben, con frecuencia utilizan diversas formas figurativas de expresión. Por lo tanto, al estudiar la Biblia, es importante que usted sepa cuándo los hombres que escribieron la Biblia utilizaron formas figurativas de expresión para dar sentido a sus palabras.

Las figuras del lenguaje más comunes son la metáfora, el símil, la alegoría y la parábola.

- Una *metáfora* es una comparación implícita. En el Evangelio de Juan hay varias de ellas. Cuando Jesús dice: "Yo soy la luz del mundo" o "Yo soy el pan de vida", está usando metáforas. Estas metáforas ayudan a explicar, en términos terrenales, cómo es Jesús.

- Un *símil* es una comparación entre dos cosas o ideas diferentes. Un símil emplea las palabras: "como", "como . . . así es", "como por ejemplo".

- Una *alegoría* es la descripción de una cosa utilizando la imagen de otra. El ejemplo de la vid y los pámpanos en Juan 15 es una alegoría utilizada para enseñarnos acerca de nuestra relación con Jesucristo.

- Una *parábola* es un relato que enseña una lección moral o una verdad.

Tanto las parábolas como las alegorías son como un cuento ampliado que se narra para mostrar algo. Usted puede ver estas formas figurativas de expresión en Juan 10:6, después que Jesús dice que Él es la puerta al redil. En Juan 16:25,29, Jesús vuelve a hablar nuevamente acerca de las figuras del lenguaje.

3. Juan 15:1-9 es una alegoría. A continuación, haga una lista de lo que aprendió en esta alegoría acerca de:

La vid   **El labrador**   **Los pámpanos**

4. ¿Qué lección nos enseña esta alegoría de Juan 15? Mientras responde, piense en las siguientes preguntas.

a. ¿A quién le está hablando Jesús? ¿Quién está con Jesús y qué está por sucederle a Jesús?

b. ¿Quién se ha ido del aposento alto para traicionar a Jesús? Observe Juan 13:21-30 y escriba la respuesta.

c. Haga una lista de lo que aprendió acerca de Judas en Juan 6:66-71 y Juan 13:18.

d. ¿Permaneció Judas en la vid? ¿Llevó Judas fruto?

e. ¿Pareció por un momento que Judas creía en Jesucristo?

¿Cuando resultó obvio que realmente no era un creyente verdadero en Jesucristo?

¿Supone usted que Jesús contó esta alegoría para que los discípulos pudieran comprender que no todos los que seguían a Jesús o que decían creer en Él realmente lo hacían? Tomando esta alegoría dentro del contexto, parecería que Jesús quería que los discípulos comprendieran que si alguien pertenecía a Jesús, era un verdadero creyente, un verdadero seguidor, permanecería con Él y llevaría sus frutos. No sería como Judas.

5. No olvide registrar los temas de Juan 14 y 15 en el PANORAMA DE JUAN.

Tenemos mucho más que aprender de Juan 15, pero lo haremos durante la semana próxima, mientras estudiamos Juan 16. No olvide que Juan 13-16 es todo un conjunto. Allí Jesús está solo con sus discípulos preparándolos para su muerte, la llegada del Espíritu Santo, la forma en que deberán vivir y qué cosas deberán enfrentar en el mundo por pertenecer a Él.

Recuerde que estas palabras son de Dios, escritas y preservadas para usted, de tal manera que pueda saber cómo lograr la vida eterna y cómo vivir en este mundo hasta que Jesucristo regrese a la tierra y reine como Rey de reyes y Señor de señores. Permanezca en Él, ¡las palabras que pronuncia Jesús son espíritu y son vida (Juan 6:63)!

DÉCIMA SEMANA

Primer día

1. Lea de nuevo Juan 14-15. Mientras lee, observará que Jesús está hablando con los once discípulos después de haberles lavado los pies durante la cena. Marque toda referencia a los once discípulos. Observe y marque los pronombres que se refieren a ellos, en particular la palabra *vosotros*.

Segundo día

1. Haga una lista de todo lo que ha aprendido por haber marcado todas las referencias a los once discípulos en Juan 14-15. Copie la lista en el cuadro QUÉ ENSEÑA JUAN 14-16 ACERCA DE LOS QUE VIENEN AL PADRE A TRAVÉS DEL HIJO, al final de la decimoprimera semana.

2. ¿Cree que lo que ha incluido en la lista acerca de los once discípulos también se aplicaría a usted si le pertenece al Señor Jesucristo? ¿Por qué?

Tercer día

1. Lea Juan 16. Busque las señales de tiempo y de lugar y marque toda referencia a *Dios* (el Padre), a *Jesucristo*, y al *Espíritu Santo*. Trate de detectar los sinónimos y pronombres que se refieran a cada uno de ellos y no deje de marcarlos. Por cierto, no querrá dejar pasar ni una sola verdad. Además, marque las palabras *creen (creído, creéis)*, *ama (amado)*.

Cuarto día

1. Lea de nuevo Juan 16. Esta vez, marque toda referencia a los once discípulos elegidos por Jesús.

2. Haga una lista que incluya todo lo que ha aprendido en Juan

16 acerca del Padre y del Espíritu Santo. Registre su lista en el cuadro QUE ENSEÑA JUAN 14-16 ACERCA DEL PADRE, DEL HIJO Y DEL ESPÍRITU SANTO. Cuando haya terminado la lista, busque las tres cosas que hará el Espíritu Santo cuando venga.

Analice todo esto con las seis preguntas fundamentales. Advierta a dónde llega el Espíritu, qué hace y por qué. Le sugiero que marque esas tres cosas en el texto simplemente colocando un número sobre cada una de ellas. Ésa es una buena forma de marcar adecuadamente las listas allí mismo en su Biblia. Le ayuda a observar atentamente el texto y a recordar lo que dice Dios.

Quinto día

1. Lea de nuevo Juan 16. Este es un capítulo tan importante para usted desde el punto de vista personal, como lo son Juan 14 y 15. Haga una lista con lo que ha aprendido al marcar las referencias a los once discípulos en el cuadro QUÉ ENSEÑA JUAN 14-16 ACERCA DE LOS QUE VIENEN AL PADRE A TRAVÉS DEL HIJO.

2. Un ejercicio de gran utilidad para su estudio bíblico consiste en recopilar estudios temáticos. Haga una lista temática buscando todo lo que la Biblia enseña acerca de un tema en particular. Una lista temática contiene todos los hechos o la información que la Biblia da sobre un tema, acontecimiento o persona determinados. No obstante, las listas temáticas deben hacerse en forma muy cuidadosa.

Anteriormente le mencioné que siempre es importante tomar en cuenta el contexto en el que algo se enseña, se dice o sucede. Y cuando se trata de interpretar las Escrituras — de discernir qué significan — el contexto siempre debe prevalecer. (Recuerde que el contexto es el marco en el que algo se enseña, se dice o sucede). Las Escrituras nunca se contradicen a sí mismas. Por lo tanto, nuestra tarea como estudiantes de la Biblia consiste en descubrir qué enseña la Palabra de Dios acerca de cualquier tema dado, por medio de una observación profunda y cuidadosa de toda la enseñanza de la Palabra de Dios.

Comenzamos a hacer esto estudiando la Biblia libro por libro y leyendo la Biblia una y otra vez para tener constantemente ante nosotros "toda la enseñanza" de la Palabra de Dios. Esto nos ayudará a comprender el contexto y nos permitirá interpretar las Escrituras adecuadamente.[1]

También contamos con una serie llamada LA SERIE INTERNA-CIONAL DE ESTUDIOS INDUCTIVOS publicada por *Editorial Vida*, que le ayudará a analizar varios libros de la Biblia. Además tenemos disponibles CURSOS DE ESTUDIO BÍBLICO, PRECEP-TO SOBRE PRECEPTO en muchos idiomas. Si desea obtener mayor información, comuníquese con Ministerios Precepto, P. O. Box 182218, Chattanooga, TN 37422, Estados Unidos de América.

Busque los siguientes pasajes y vea qué le enseñan acerca del Espíritu Santo. Luego anote sus observaciones en el cuadro QUÉ ENSEÑA JUAN 14-16 ACERCA DEL PADRE, DEL HIJO Y DEL ESPÍRITU SANTO que aparece al final de la decimoprimera semana.

a. Juan 1:32-33

b. Juan 3:5-6,8

c. Juan 3:34

d. Juan 4:23-24

e. Juan 6:63

f. Juan 7:38-39

g. Juan 20:22

1 Los principios de estudio que usted ha aprendido durante este estudio de Juan pueden aplicarse a cualquier libro de la Biblia. Para ayudarlo a hacerlo, he escrito varios otros estudios, cada uno de ellos requiere un compromiso diferente en cuanto a tiempo. Sin embargo, la mejor forma de comenzar es adquiriendo la *Biblia de Estudio Inductivo* publicada por *Editorial Vida*. Esta Biblia presenta instrucciones al comienzo de cada libro que le dirán QUÉ COSAS HACER para ayudarle a comprender ese libro en particular. Asimismo, hay muchas otras maravillosas ayudas para el estudio. Si cuenta con la Biblia de Estudio Inductivo, estará capacitado para estudiar la Palabra de Dios por su propia cuenta durante el resto de su vida.

3. De acuerdo a lo que ha aprendido en Juan, si cree en el Señor Jesucristo, ¿dónde se encuentra el Espíritu Santo con respecto a usted? Revise todo lo que ha aprendido acerca del Espíritu Santo (observe su cuadro QUÉ ENSEÑA JUAN 14-16 ACERCA DEL PADRE, DEL HIJO Y DEL ESPÍRITU SANTO) y luego dé gracias a Dios el Espíritu por todo lo que Él hará por usted y dígale que quiere recordar y vivir a la luz de estas verdades.

DECIMOPRIMERA SEMANA

Primer día

Lea Juan 17. Después que haya terminado, haga las seis preguntas fundamentales acerca de este capítulo y anote sus observaciones a continuación. Asegúrese de abarcar lo siguiente: quién está hablando, a quién le está hablando y de qué está hablando.

No voy a ayudarlo con más porque considero que es conveniente que usted piense por sí mismo. Más tarde, cuando estudie otros libros de la Biblia podrá aplicar estos mismos principios.

Segundo día

Lea de nuevo Juan 17. Busque y marque las señales de tiempo y lugar. Además marque las siguientes palabras clave: *mundo, palabra, vida eterna, amor (amado)* y *Jesucristo* (marque toda referencia, incluso los pronombres).

Tercer día

1. Vuelva a leer Juan 17, marcando las siguientes palabras y frases clave:

a. *a todos los que le diste* o *aquellos que me has dado*

b. toda referencia a los once discípulos

c. la referencia a Judas. (En el versículo 12 se llama el hijo de perdición).

d. uno

e. gloria (glorifica, glorifique, glorificado, glorifícame)

f. amor

2. ¿Considera que esta "oración" de Jesús al Padre fue únicamente para los once discípulos o sus verdades también se aplican a usted? Ahora que ha marcado el texto de Juan 7, léalo otra vez y piense en esa pregunta. Escriba su respuesta.

Cuarto día

1. Vuelva a leer Juan 17. Si lo lee en voz alta, le será más fácil recordarlo. Dicho sea de paso, al leer en voz alta las Escrituras una y otra vez, observará que las recordará de manera automática.

¡Es una bendición memorizar las Escrituras! Porque al hacerlo, siempre estarán con usted. Y el hecho de tener la verdad en su mente y en su corazón le permite meditar sobre ella, reflexionar y pensar de qué manera se aplica a su vida y en qué debe creer o no creer.

Si quiere aprender algo de memoria, simplemente léalo en voz alta tres veces en tres diferentes momentos del día durante una semana, (o sea nueve veces por día durante siete días, ¡lo que equivale a sesenta y tres veces!). Una vez terminada la semana, lo habrá memorizado.

2. Ahora haga una lista con todo lo que ha aprendido al marcar las referencias a Jesús en este capítulo. Registre sus observaciones, como lo ha hecho anteriormente, en el cuadro QUÉ ENSEÑA JUAN 14-16 ACERCA DEL PADRE, DEL HIJO Y DEL ESPÍRITU SANTO, que aparece al final de esta lección.

Quinto día

1. Lea Juan 17 versículo por versículo y haga una lista de todo lo que dice Jesús acerca de los once discípulos y qué es lo que ora por ellos. Luego, escriba una lista que contenga lo que Él ora o dice acerca de los que creerán en Él a través del mensaje de los discípulos.

Los once   **Los que creen a través de su palabra**

2. Ahora piense en el marco en que tiene lugar Juan 17. Jesús está orando a su Padre por usted justo antes de dirigirse al huerto de Getsemaní, donde será arrestado y llevado a la casa de Caifás, el sumo sacerdote que, junto con su suegro, Anás, desea librarse de Jesús.

a. De todo lo que ha visto desde que comenzó a estudiar Juan 13, ¿quién predomina en el corazón de Jesús?

b. ¿Qué le dice esto acerca de Jesús?

c. ¿Qué le dice esto acerca de lo que Jesús piensa o siente por usted?

3. Aplique lo que aprendió en Juan 17:14-17 al responder a lo siguiente:

a. ¿Cuál es la importancia de estudiar la Biblia?

b. ¿Qué le dice esto acerca de la Biblia?

c. Cuando termine este estudio, ¿va a estudiar la Biblia? ¿Por qué?

4. Registre el tema de Juan 17.

Sólo nos quedan dos semanas más de estudio y habrá terminado la tarea que comenzó. Estoy muy orgullosa de usted. Me llena de gozo escribir esto para usted. Hemos orado mucho por usted. ¡Cómo quisiera decirle cara a cara cuán preciado es usted para Dios y cómo Él ansía bendecirlo si sólo usted creyera en Él y viviera de acuerdo a su Palabra por el poder del Espíritu Santo!

QUÉ ENSEÑA JUAN 14-16 ACERCA DEL PADRE, DEL HIJO Y DEL ESPÍRITU SANTO

El Padre	El Hijo	El Espíritu Santo

QUÉ ENSEÑA JUAN 14-16 ACERCA DE LOS QUE VIENEN AL PADRE A TRAVÉS DEL HIJO

DECIMOSEGUNDA SEMANA

Primer día

1. Lea Juan 18 y anote en el margen de su Registro de observación qué sucede en cada párrafo y dónde tiene lugar.

Recuerde que cada párrafo comienza con un número de versículo que está impreso en un color más oscuro. Sin embargo, en el versículo 38 verá que el número no está en negrita, pero que la palabra "Y" sí lo está. Cuando lo lea comprenderá por qué el párrafo comienza allí.

Recuerde todo lo que aprendió sobre los párrafos en la quinta semana. Un párrafo es un grupo de oraciones que están agrupadas porque tienen algo en común. Puede que se centre en determinado pensamiento o acontecimiento.

2. A medida que lee Juan 18, marque todas las referencias de tiempo y geográficas de la misma manera como las marcó anteriormente. En este capítulo, los acontecimientos se producen en Jerusalén, pero suceden en diferentes lugares de la ciudad. Marque los diferentes lugares en Jerusalén.

Consulte el mapa que aparece en esta página, que muestra cómo era Jerusalén en la época de Jesús, de manera que pueda ver la relación geográfica de dichos lugares.

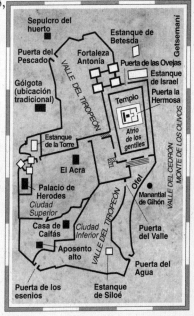

3. Marque las siguientes palabras: verdad, rey, reino. (Ya marcó rey en el capítulo 12, por lo tanto

márquelo de la misma manera como lo hizo allí. Marque *reino* de una manera diferente).

Segundo día

Lea Juan 19 y siga las mismas instrucciones que le di ayer en relación al capítulo 18.

1. Marque todas las referencias de tiempo

2. Marque las siguientes palabras: *pecado, verdad* y *rey.*

Tercer día

Hoy, quiero que lea nuevamente Juan 18, párrafo por párrafo, pero esta vez concentrándose en las personas que interactúan con Jesús.

Observe qué hace cada uno de ellos y cómo les responde Jesús. Si hay algún motivo por el cuál Jesús responde como lo hace, adviértalo. Anote a continuación lo que ha aprendido:

a. Jesús y Judas

b. Jesús y Pedro

c. Jesús y el sumo sacerdote y sus alguaciles

d. Jesús y Pilato

Cuarto día

Lea Juan 19 y, al igual que ayer, registre qué aprendió acerca de las personas que interactúan con Jesús y sobre cómo Él les responde.

a. Jesús y Pilato (Agréguelo a la lista que comenzó el tercer día)

b. Jesús y los judíos

c. Jesús y los principales sacerdotes

d. Jesús y los soldados

e. Jesús y su madre

f. Jesús y José de Arimatea

g. Jesús y Nicodemo (¿Recuerda a Nicodemo de Juan 3? ¿Qué connotación tiene esto sobre Nicodemo?)

Quinto día

1.Observe las palabras clave que marcó esta semana — *pecado,
verdad, rey* y *reino* — y haga una lista con lo que aprendió al marcar
cada una de estas palabras en Juan 18-19.

Pecado   **Verdad**   **Rey**   **Reino**

2. Anote los temas de Juan 18 y 19 en el PANORAMA DE JUAN.

3. Lea nuevamente Juan 18-19. Piense en todo lo que ocurrió e
imagínese los acontecimientos. Al hacerlo, recuerde que Jesús es Dios.
Él pudo haber evitado que lo golpearan y lo crucificaran, pero no lo
hizo. ¿Por qué? Porque Él nació para morir por nuestros pecados, mis
pecados, los pecados de toda la humanidad.

Jesús es el grano de trigo que cayó en la tierra y murió para que Él
no quedara solo, sino que llevara el fruto de la vida eterna para los
demás (advierta la metáfora).

Él es el Buen Pastor que entregó su vida por sus ovejas (nuevamente, advierta la metáfora).

Él es el Cordero de Dios que quita los pecados del mundo. El
Cordero de Pascua, inmolado el mismo día en que celebraban la
Pascua judía y mataban a los corderos para la Pascua (véase
Juan 18:39).

Él es la Luz del Mundo colgando en la cruz, la luz que querían
extinguir los líderes religiosos.

Él es el que llamó a los que estaban sedientos a que vinieran y bebieran de Él.

Él es el Rey que llegó a Jerusalén montado sobre un asno para cumplir la profecía de Zacarías: "Alégrate mucho, hija de Sion . . . he aquí, tu rey vendrá a ti . . . humilde y cabalgando sobre un asno, sobre un pollino . . ." (Zacarías 9:9).

Él es el Hijo del Hombre que muere en lugar de la humanidad: en lugar de usted. El que vino a mostrarnos quién era el Padre, el Padre que "de tal manera amó . . . al mundo, que ha dado a su Hijo unigénito, para que todo aquel que en él cree, no se pierda, más tenga vida eterna" (Juan 3:16).

Caiga a los pies de Él y dígale: "¡Mi Señor y mi Dios!" ¡Adórelo!

DECIMOTERCERA SEMANA

❧❦❧

Primer día

Lea desde Juan 19:38 hasta 20:31. Hágalo párrafo por párrafo. Tome nota de dónde se produce la acción, quiénes participan, cuándo sucede, y demás.

Segundo día

1. Lea Juan 20 buscando señales de tiempo y lugar.

2. Marque las siguientes palabras clave: *paz, creyó (creyeron, creeré, creíste, creyendo) pecados, resucitase (resucitase de los muertos), subo (subido)*.

Advierta que hay una diferencia entre resucitar de los muertos y ascender. ¿Cuál es esa diferencia?

3. Ahora haga una lista de todo lo que aprendió al marcar cada una de las palabras clave.

Tercer día

1. Lea Juan 2:13-22.

  a. ¿Cómo se relaciona lo que sucedió en este capítulo con el acontecimiento principal de Juan 20?

  b. ¿Cuál fue la última señal que dio Dios para probar que Jesús es el Cristo, el Hijo de Dios, el dador de la vida eterna?

  c. ¿Hubo alguien que presenciara esa última señal? ¿Quién? ¿Cuándo?

2. Si tiene tiempo, le recomiendo que lea los relatos de los demás evangelios acerca de la muerte, la sepultura y la resurrección de nuestro Señor Jesucristo. Los encontrará en Mateo 27-28; Marcos 14-16 y Lucas 22-24.

3. Lea 1 Corintios 15:1-8 que se encuentra impreso a continuación y escuche lo que el Apóstol Pablo escribiría luego acerca del evangelio (las buenas nuevas) de Jesucristo. Mientras lee, trace un círculo alrededor de la palabra evangelio y subraye primeramente. Luego trace un círculo cada vez que aparezca la palabra "que".

*Además os declaro, hermanos, el evangelio que os he
predicado, el cual también recibisteis, en el cual también
perseveráis; por el cual asimismo, si retenéis la palabra que os
he predicado, sois salvos, si no creísteis en vano. Porque
primeramente os he enseñado lo que asimismo recibí: Que
Cristo murió por nuestros pecados, conforme a las Escrituras;
y que fue sepultado, y que resucitó al tercer día, conforme a las
Escrituras, y que apareció a Cefas, y después a los doce.
Después apareció a más de quinientos hermanos a la vez, de
los cuales muchos viven aún, y otros ya duermen. Después
apareció a Jacobo; después a todos los apóstoles; y al último de
todos, como a un abortivo, me apareció a mí*

(1 Corintios 15:1-8).

Note que Cefas es otra manera de llamar a Pedro.

Pablo nos recuerda que Jesús murió conforme a las Escrituras y que resucitó al tercer día conforme a las Escrituras. "Conforme a las Escrituras" significa que la muerte y la resurrección de Jesús fueron ambas profetizadas en el Antiguo Testamento, cientos de años antes de que tuvieran lugar. "Pero cuando vino el cumplimiento del tiempo, Dios envió a su Hijo, nacido de mujer . . .para que [lo] redimiese" a usted y a mí (Gálatas 4:4-5). ¡Qué maravilloso amor nos ha otorgado Dios!

Cuarto día

1. Lea Juan 21 párrafo por párrafo, tomando nota de qué ocurre en cada uno, quién participa, cuándo y dónde suceden los acontecimientos. Escriba sus notas en el margen de su **Registro de observación**.

2. Lea nuevamente Juan 21. Busque señales de tiempo y de lugar y marque las siguientes palabras clave: amo (amaba, amas), ovejas (corderos), testimonio, manifestó (observe qué o quién se manifestó, cómo y cuándo).

3. Haga una lista de lo que aprendió al marcar estas palabras clave.

4. Escriba qué aprendió en este capítulo acerca de:
a. Pedro

b. Juan (el que escribió el Evangelio)

5. Vuelva a Juan 18 y lea los versículos 15-27. Responda las siguientes preguntas, comparando estos versículos con Juan 21.

a. ¿Dónde estaba Pedro cuando negó a Jesucristo?

b. ¿Dónde estaba Pedro cuando Jesús habló con él (21:9-19)?

c. Aunque Pedro negó tres veces a Jesús en Juan 18, ¿qué alcanzó a decirle tres veces Pedro a Jesús en Juan 21?

d. ¿Qué le dijo Pedro a Jesús que haría por Él en Juan 13:17?

e. Cuando arrestaron a Jesús, ¿qué hizo Pedro?

f. Según Juan 21, ¿qué haría Pedro?

g. ¿Negaría nuevamente a Jesús ante el arresto y la muerte?

Pese a que en nuestros momentos de mayor debilidad podamos llegar a negar a Jesús, ¿piensa que le seguimos importando a Jesús? ¿Sigue amándonos, sigue queriéndonos? A partir de lo que ha leído en Juan 21, ¿qué indicios tiene para saber si es así o no?

6. Anote los temas de Juan 20 y 21.

Quinto día

1. Remítase al PANORAMA DE JUAN que aparece en el apéndice y obsérvelo con mucha atención.

Este es el cuadro en el que ha anotado el tema de cada capítulo del Evangelio de Juan. Le sugiero que revise capítulo por capítulo y observe qué tema registró para cada uno de ellos. Si desea cambiar alguno, hágalo ahora. Si dejó de anotar el tema de algún capítulo, hágalo ahora.

2. Registre cualquier otra información que todavía no haya anotado. Usted sabe quién escribió el libro y por qué, por lo tanto llene los espacios correspondientes a "Autor" y "Propósito". Le diré cuándo se escribió el libro: aproximadamente en el año 85 d.C. También puede hacer una lista con las palabras clave, ¡ya que las marcó en cada uno de los capítulos! Agregue a la lista cualquier cosa que haya descubierto por sus propios medios.

3. Considere nuevamente cuál fue el objetivo del autor. ¿Cuál es la mejor frase que describe al libro en su totalidad? Esa frase debe ser su tema para el Evangelio de Juan, así que regístrelo en el casillero correspondiente del cuadro.

4. Ahora, creo que sería un maravilloso ejercicio si leyera los primeros once capítulos de Juan y observara qué señales dio Jesús y registró Juan. Anótelas en el sector de la división por secciones, en el casillero cuyo encabezamiento es "Señales milagrosas". Registre cada milagro debajo del número del capítulo en el que se produjo.

5. En el Evangelio de Juan, a Jesús se lo describe de muchas maneras diferentes. Por ejemplo, Él es la Luz del mundo, el Pan de

Vida, el Pastor de las ovejas, la Vid, la Resurrección y la Vida. Piense en esas descripciones y luego regístrelas debajo de la División por secciones, bajo el casillero cuyo encabezamiento "Descripciones de Jesucristo". Escriba cada descripción debajo del número de capítulo en el que aparece.

6. Si observa cualquier otra división por secciones, ¡lo felicito! (¡No son fáciles de detectar!). Anótelas en su cuadro.

Bueno, usted ha terminado su estudio del Evangelio de Juan. Solamente piense que este Evangelio ha sido escrito para usted, para que pudiera creer que Jesús es el Cristo, el Hijo de Dios, y de ese modo pudiera tener vida en su nombre.

¿Existe Dios? ¿Está allí? ¡Sí, por supuesto! Jesús nos lo ha demostrado y nos lo ha explicado. Dios está allí y siempre lo estará.

¿Se preocupa por nosotros? ¡Sí, por supuesto! Él le ha dado el mayor de los dones: su Hijo unigénito.

¿Sabe Él que usted existe? ¡Sí, por supuesto! Él lo sabe. Lo suficiente como para llegar a donde usted está ahora, para colocarle este libro en sus manos con el propósito de que pueda conocerlo, amarlo y seguirlo, sin importar lo que otros digan o hagan.

¿Lo hará usted?

APÉNDICE

Registro de Observación

EL EVANGELIO SEGÚN SAN JUAN

🌱 Capítulo 1 ————————————

1 En el principio era el Verbo, y el Verbo era con Dios, y el Verbo era Dios.

2 Este era en el principio con Dios.

3 Todas las cosas por él fueron hechas, y sin él nada de lo que ha sido hecho, fue hecho.

4 En él estaba la vida, y la vida era la luz de los hombres.

5 La luz en las tinieblas resplandece, y las tinieblas no prevalecieron contra ella.

6 Hubo un hombre enviado de Dios, el cual se llamaba Juan.

7 Este vino por testimonio, para que diese testimonio de la luz, a fin de que todos creyesen por él.

8 No era él la luz, sino para que diese testimonio de la luz.

9 Aquella luz verdadera, que alumbra a todo hombre, venía a este mundo.

10 En el mundo estaba, y el mundo por él fue hecho; pero el mundo no le conoció.

11 A lo suyo vino, y los suyos no le recibieron.

12 Mas a todos los que le recibieron, a los que creen en su nombre, les dio potestad de ser hechos hijos de Dios;

13 los cuales no son engendrados de sangre, ni de voluntad de carne, ni de voluntad de varón, sino de Dios.

14 Y aquel Verbo fue hecho carne, y habitó entre nosotros (y vimos

su gloria, gloria como del unigénito del Padre), lleno de gracia y de verdad.

15 Juan dio testimonio de él, y clamó diciendo: Este es de quien yo decía: El que viene después de mí, es antes de mí; porque era primero que yo.

16 Porque de su plenitud tomamos todos, y gracia sobre gracia.

17 Pues la ley por medio de Moisés fue dada, pero la gracia y la verdad vinieron por medio de Jesucristo.

18 A Dios nadie le vio jamás; el unigénito Hijo, que está en el seno del Padre, él le ha dado a conocer.

19 Este es el testimonio de Juan, cuando los judíos enviaron de Jerusalén sacerdotes y levitas para que le preguntasen: ¿Tú, quién eres?

20 Confesó, y no negó, sino confesó: Yo no soy el Cristo.

21 Y le preguntaron: ¿Qué pues? ¿Eres tú Elías? Dijo: No soy. ¿Eres tú el profeta? Y respondió: No.

22 Le dijeron: ¿Pues quién eres? para que demos respuesta a los que nos enviaron. ¿Qué dices de ti mismo?

23 Dijo: Yo soy la voz de uno que clama en el desierto: Enderezad el camino del Señor, como dijo el profeta Isaías.

24 Y los que habían sido enviados eran de los fariseos.

25 Y le preguntaron, y le dijeron: ¿Por qué, pues, bautizas, si tú no eres el Cristo, ni Elías, ni el profeta?

26 Juan les respondió diciendo: Yo bautizo con agua; mas en medio de vosotros está uno a quien vosotros no conocéis.

27 Este es el que viene después de mí, el que es antes de mí, del cual yo no soy digno de desatar la correa del calzado.

28 Estas cosas sucedieron en Betábara, al otro lado del Jordán, donde Juan estaba bautizando.

29 El siguiente día vio Juan a Jesús que venía a él, y dijo: He aquí el Cordero de Dios, que quita el pecado del mundo.

30 Este es aquel de quien yo dije: Después de mí viene un varón, el cual es antes de mí; porque era primero que yo.

31 Y yo no le conocía; mas para que fuese manifestado a Israel, por esto vine yo bautizando con agua.

32 También dio Juan testimonio, diciendo: Vi al Espíritu que descendía del cielo como paloma, y permaneció sobre él.

33 Y yo no le conocía; pero el que me envió a bautizar con agua, aquél me dijo: Sobre quien veas descender el Espíritu y que permanece sobre él, ése es el que bautiza con el Espíritu Santo.

34 Y yo le vi, y he dado testimonio de que éste es el Hijo de Dios.

35 El siguiente día otra vez estaba Juan, y dos de sus discípulos.

36 Y mirando a Jesús que andaba por allí, dijo: He aquí el Cordero de Dios.

37 Le oyeron hablar los dos discípulos, y siguieron a Jesús.

38 Y volviéndose Jesús, y viendo que le seguían, les dijo: ¿Qué buscáis? Ellos le dijeron: Rabí (que traducido es, Maestro), ¿dónde moras?

39 Les dijo: Venid y ved. Fueron, y vieron donde moraba, y se quedaron con él aquel día; porque era como la hora décima.

40 Andrés, hermano de Simón Pedro, era uno de los dos que habían oído a Juan, y habían seguido a Jesús.

41 Este halló primero a su hermano Simón, y le dijo: Hemos hallado al Mesías (que traducido es, el Cristo).

42 Y le trajo a Jesús. Y mirándole Jesús, dijo: Tú eres Simón, hijo de Jonás; tú serás llamado Cefas (que quiere decir, Pedro).

43 El siguiente día quiso Jesús ir a Galilea, y halló a Felipe, y le dijo: Sígueme.

44 Y Felipe era de Betsaida, la ciudad de Andrés y Pedro.

45 Felipe halló a Natanael, y le dijo: Hemos hallado a aquel de quien escribió Moisés en la ley, así como los profetas: a Jesús, el hijo de José, de Nazaret.

46 Natanael le dijo: ¿De Nazaret puede salir algo de bueno? Le dijo Felipe: Ven y ve.

47 Cuando Jesús vio a Natanael que se le acercaba, dijo de él: He aquí un verdadero israelita, en quien no hay engaño.

48 Le dijo Natanael: ¿De dónde me conoces? Respondió Jesús y le dijo: Antes que Felipe te llamara, cuando estabas debajo de la higuera, te vi.

49 Respondió Natanael y le dijo: Rabí, tú eres el Hijo de Dios; tú eres el Rey de Israel.

50 Respondió Jesús y le dijo: ¿Porque te dije: Te vi debajo de la higuera, crees? Cosas mayores que estas verás.

51 Y le dijo: De cierto, de cierto os digo: De aquí adelante veréis el cielo abierto, y a los ángeles de Dios que suben y descienden sobre el Hijo del Hombre.

❦ Capítulo 2

1 Al tercer día se hicieron unas bodas en Caná de Galilea; y estaba allí la madre de Jesús.

2 Y fueron también invitados a las bodas Jesús y sus discípulos.

3 Y faltando el vino, la madre de Jesús le dijo: No tienen vino.

4 Jesús le dijo: ¿Qué tienes conmigo, mujer? Aún no ha venido mi hora.

5 Su madre dijo a los que servían: Haced todo lo que os dijere.

6 Y estaban allí seis tinajas de piedra para agua, conforme al rito de la purificación de los judíos, en cada una de las cuales cabían dos o tres cántaros.

7 Jesús les dijo: Llenad estas tinajas de agua. Y las llenaron hasta arriba.

8 Entonces les dijo: Sacad ahora, y llevadlo al maestresala. Y se lo llevaron.

9 Cuando el maestresala probó el agua hecha vino, sin saber él de dónde era, aunque lo sabían los sirvientes que habían sacado el agua, llamó al esposo,

10 y le dijo: Todo hombre sirve primero el buen vino, y cuando ya han bebido mucho, entonces el inferior; mas tú has reservado el buen vino hasta ahora.

11 Este principio de señales hizo Jesús en Caná de Galilea, y manifestó su gloria; y sus discípulos creyeron en él.

12 Después de esto descendieron a Capernaúm, él, su madre, sus hermanos y sus discípulos; y estuvieron allí no muchos días.

13 Estaba cerca la pascua de los judíos; y subió Jesús a Jerusalén,

14 y halló en el templo a los que vendían bueyes, ovejas y palomas, y a los cambistas allí sentados.

15 Y haciendo un azote de cuerdas, echó fuera del templo a todos, y

las ovejas y los bueyes; y esparció las monedas de los cambistas, y volcó las mesas;

16 y dijo a los que vendían palomas: Quitad de aquí esto, y no hagáis de la casa de mi Padre casa de mercado.

17 Entonces se acordaron sus discípulos que está escrito: El celo de tu casa me consume.

18 Y los judíos respondieron y le dijeron: ¿Qué señal nos muestras, ya que haces esto?

19 Respondió Jesús y les dijo: Destruid este templo, y en tres días lo levantaré.

20 Dijeron luego los judíos: En cuarenta y seis años fue edificado este templo, ¿y tú en tres días lo levantarás?

21 Mas él hablaba del templo de su cuerpo.

22 Por tanto, cuando resucitó de entre los muertos, sus discípulos se acordaron que había dicho esto; y creyeron la Escritura y la palabra que Jesús había dicho.

23 Estando en Jerusalén en la fiesta de la pascua, muchos creyeron en su nombre, viendo las señales que hacía.

24 Pero Jesús mismo no se fiaba de ellos, porque conocía a todos,

25 y no tenía necesidad de que nadie le diese testimonio del hombre, pues él sabía lo que había en el hombre.

❦ Capítulo 3 ───────────

1 Había un hombre de los fariseos que se llamaba Nicodemo, un principal entre los judíos.

2 Este vino a Jesús de noche, y le dijo: Rabí, sabemos que has venido de Dios como maestro; porque nadie puede hacer estas señales que tú haces, si no está Dios con él.

3 Respondió Jesús y le dijo: De cierto, de cierto te digo, que el que no naciere de nuevo, no puede ver el reino de Dios.

4 Nicodemo le dijo: ¿Cómo puede un hombre nacer siendo viejo? ¿Puede acaso entrar por segunda vez en el vientre de su madre, y nacer?

5 Respondió Jesús: De cierto, de cierto te digo, que el que no naciere de agua y del Espíritu, no puede entrar en el reino de Dios.

6 Lo que es nacido de la carne, carne es; y lo que es nacido del Espíritu, espíritu es.

7 No te maravilles de que te dije: Os es necesario nacer de nuevo.

8 El viento sopla de donde quiere, y oyes su sonido; mas ni sabes de dónde viene, ni a dónde va; así es todo aquel que es nacido del Espíritu.

9 Respondió Nicodemo y le dijo: ¿Cómo puede hacerse esto?

10 Respondió Jesús y le dijo: ¿Eres tú maestro de Israel, y no sabes esto?

11 De cierto, de cierto te digo, que lo que sabemos hablamos, y lo que hemos visto, testificamos; y no recibís nuestro testimonio.

12 Si os he dicho cosas terrenales, y no creéis, ¿cómo creeréis si os dijere las celestiales?

13 Nadie subió al cielo, sino el que descendió del cielo; el Hijo del Hombre, que está en el cielo.

14 Y como Moisés levantó la serpiente en el desierto, así es necesario que el Hijo del Hombre sea levantado,

15 para que todo aquel que en él cree, no se pierda, mas tenga vida eterna.

16 Porque de tal manera amó Dios al mundo, que ha dado a su Hijo unigénito, para que todo aquel que en él cree, no se pierda, mas tenga vida eterna.

17 Porque no envió Dios a su Hijo al mundo para condenar al mundo, sino para que el mundo sea salvo por él.

18 El que en él cree, no es condenado; pero el que no cree, ya ha sido condenado, porque no ha creído en el nombre del unigénito Hijo de Dios.

19 Y esta es la condenación: que la luz vino al mundo, y los hombres amaron más las tinieblas que la luz, porque sus obras eran malas.

20 Porque todo aquel que hace lo malo, aborrece la luz y no viene a la luz, para que sus obras no sean reprendidas.

21 Mas el que practica la verdad viene a la luz, para que sea manifiesto que sus obras son hechas en Dios.

22 Después de esto, vino Jesús con sus discípulos a la tierra de Judea, y estuvo allí con ellos, y bautizaba.

23 Juan bautizaba también en Enón, junto a Salim, porque había allí muchas aguas; y venían, y eran bautizados.

24 Porque Juan no había sido aún encarcelado.

25 Entonces hubo discusión entre los discípulos de Juan y los judíos acerca de la purificación.

26 Y vinieron a Juan y le dijeron: Rabí, mira que el que estaba contigo al otro lado del Jordán, de quien tú diste testimonio, bautiza, y todos vienen a él.

27 Respondió Juan y dijo: No puede el hombre recibir nada, si no le fuere dado del cielo.

28 Vosotros mismos me sois testigos de que dije: Yo no soy el Cristo, sino que soy enviado delante de él.

29 El que tiene la esposa, es el esposo; mas el amigo del esposo, que está a su lado y le oye, se goza grandemente de la voz del esposo; así pues, este mi gozo está cumplido.

30 Es necesario que él crezca, pero que yo mengüe.

31 El que de arriba viene, es sobre todos; el que es de la tierra, es terrenal, y cosas terrenales habla; el que viene del cielo, es sobre todos.

32 Y lo que vio y oyó, esto testifica; y nadie recibe su testimonio.

33 El que recibe su testimonio, éste atestigua que Dios es veraz.

34 Porque el que Dios envió, las palabras de Dios habla; pues Dios no da el Espíritu por medida.

35 El Padre ama al Hijo, y todas las cosas ha entregado en su mano.

36 El que cree en el Hijo tiene vida eterna; pero el que rehúsa creer en el Hijo no verá la vida, sino que la ira de Dios está sobre él.

❧ Capítulo 4

1 Cuando, pues, el Señor entendió que los fariseos habían oído decir: Jesús hace y bautiza más discípulos que Juan

2 (aunque Jesús no bautizaba, sino sus discípulos),

3 salió de Judea, y se fue otra vez a Galilea.

4 Y le era necesario pasar por Samaria.

5 Vino, pues, a una ciudad de Samaria llamada Sicar, junto a la heredad que Jacob dio a su hijo José.

6 Y estaba allí el pozo de Jacob. Entonces Jesús, cansado del camino, se sentó así junto al pozo. Era como la hora sexta.

7 Vino una mujer de Samaria a sacar agua; y Jesús le dijo: Dame de beber.

8 Pues sus discípulos habían ido a la ciudad a comprar de comer.

9 La mujer samaritana le dijo: ¿Cómo tú, siendo judío, me pides a mí de beber, que soy mujer samaritana? Porque judíos y samaritanos no se tratan entre sí.

10 Respondió Jesús y le dijo: Si conocieras el don de Dios, y quién es el que te dice: Dame de beber; tú le pedirías, y él te daría agua viva.

11 La mujer le dijo: Señor, no tienes con qué sacarla, y el pozo es hondo. ¿De dónde, pues, tienes el agua viva?

12 ¿Acaso eres tú mayor que nuestro padre Jacob, que nos dio este pozo, del cual bebieron él, sus hijos y sus ganados?

13 Respondió Jesús y le dijo: Cualquiera que bebiere de esta agua, volverá a tener sed;

14 mas el que bebiere del agua que yo le daré, no tendrá sed jamás; sino que el agua que yo le daré será en él una fuente de agua que salte para vida eterna.

15 La mujer le dijo: Señor, dame esa agua, para que no tenga yo sed, ni venga aquí a sacarla.

16 Jesús le dijo: Ve, llama a tu marido, y ven acá.

17 Respondió la mujer y dijo: No tengo marido. Jesús le dijo: Bien has dicho: No tengo marido;

18 porque cinco maridos has tenido, y el que ahora tienes no es tu marido; esto has dicho con verdad.

19 Le dijo la mujer: Señor, me parece que tú eres profeta.

20 Nuestros padres adoraron en este monte, y vosotros decís que en Jerusalén es el lugar donde se debe adorar.

21 Jesús le dijo: Mujer, créeme, que la hora viene cuando ni en este monte ni en Jerusalén adoraréis al Padre.

22 Vosotros adoráis lo que no sabéis; nosotros adoramos lo que sabemos; porque la salvación viene de los judíos.

23 Mas la hora viene, y ahora es, cuando los verdaderos adoradores

adorarán al Padre en espíritu y en verdad; porque también el Padre tales adoradores busca que le adoren.

24 Dios es Espíritu; y los que le adoran, en espíritu y en verdad es necesario que adoren.

25 Le dijo la mujer: Sé que ha de venir el Mesías, llamado el Cristo; cuando él venga nos declarará todas las cosas.

26 Jesús le dijo: Yo soy, el que habla contigo.

27 En esto vinieron sus discípulos, y se maravillaron de que hablaba con una mujer; sin embargo, ninguno dijo: ¿Qué preguntas? o, ¿Qué hablas con ella?

28 Entonces la mujer dejó su cántaro, y fue a la ciudad, y dijo a los hombres:

29 Venid, ved a un hombre que me ha dicho todo cuanto he hecho. ¿No será éste el Cristo?

30 Entonces salieron de la ciudad, y vinieron a él.

31 Entre tanto, los discípulos le rogaban, diciendo: Rabí, come.

32 Él les dijo: Yo tengo una comida que comer, que vosotros no sabéis.

33 Entonces los discípulos decían unos a otros: ¿Le habrá traído alguien de comer?

34 Jesús les dijo: Mi comida es que haga la voluntad del que me envió, y que acabe su obra.

35 ¿No decís vosotros: Aún faltan cuatro meses para que llegue la siega? He aquí os digo: Alzad vuestros ojos y mirad los campos, porque ya están blancos para la siega.

36 Y el que siega recibe salario, y recoge fruto para vida eterna, para que el que siembra goce juntamente con el que siega.

37 Porque en esto es verdadero el dicho: Uno es el que siembra, y otro es el que siega.

38 Yo os he enviado a segar lo que vosotros no labrasteis; otros labraron, y vosotros habéis entrado en sus labores.

39 Y muchos de los samaritanos de aquella ciudad creyeron en él por la palabra de la mujer, que daba testimonio diciendo: Me dijo todo lo que he hecho.

40 Entonces vinieron los samaritanos a él y le rogaron que se quedase con ellos; y se quedó allí dos días.

41 Y creyeron muchos más por la palabra de él,

42 y decían a la mujer: Ya no creemos solamente por tu dicho, porque nosotros mismos hemos oído, y sabemos que verdaderamente éste es el Salvador del mundo, el Cristo.

43 Dos días después, salió de allí y fue a Galilea.

44 Porque Jesús mismo dio testimonio de que el profeta no tiene honra en su propia tierra.

45 Cuando vino a Galilea, los galileos le recibieron, habiendo visto todas las cosas que había hecho en Jerusalén, en la fiesta; porque también ellos habían ido a la fiesta.

46 Vino, pues, Jesús otra vez a Caná de Galilea, donde había convertido el agua en vino. Y había en Capernaúm un oficial del rey, cuyo hijo estaba enfermo.

47 Este, cuando oyó que Jesús había llegado de Judea a Galilea, vino a él y le rogó que descendiese y sanase a su hijo, que estaba a punto de morir.

48 Entonces Jesús le dijo: Si no viereis señales y prodigios, no creeréis.

49 El oficial del rey le dijo: Señor, desciende antes que mi hijo muera.

50 Jesús le dijo: Ve, tu hijo vive. Y el hombre creyó la palabra que Jesús le dijo, y se fue.

51 Cuando ya él descendía, sus siervos salieron a recibirle, y le dieron nuevas, diciendo: Tu hijo vive.

52 Entonces él les preguntó a qué hora había comenzado a estar mejor. Y le dijeron: Ayer a las siete le dejó la fiebre.

53 El padre entonces entendió que aquella era la hora en que Jesús le había dicho: Tu hijo vive; y creyó él con toda su casa.

54 Esta segunda señal hizo Jesús, cuando fue de Judea a Galilea.

❧ Capítulo 5

1 Después de estas cosas había una fiesta de los judíos, y subió Jesús a Jerusalén.

2 Y hay en Jerusalén, cerca de la puerta de las ovejas, un estanque, llamado en hebreo Betesda, el cual tiene cinco pórticos.

3 En éstos yacía una multitud de enfermos, ciegos, cojos y paralíticos, que esperaban el movimiento del agua.

4 Porque un ángel descendía de tiempo en tiempo al estanque, y agitaba el agua; y el que primero descendía al estanque después del movimiento del agua, quedaba sano de cualquier enfermedad que tuviese.

5 Y había allí un hombre que hacía treinta y ocho años que estaba enfermo.

6 Cuando Jesús lo vio acostado, y supo que llevaba ya mucho tiempo así, le dijo: ¿Quieres ser sano?

7 Señor, le respondió el enfermo, no tengo quien me meta en el estanque cuando se agita el agua; y entre tanto que yo voy, otro desciende antes que yo.

8 Jesús le dijo: Levántate, toma tu lecho, y anda.

9 Y al instante aquel hombre fue sanado, y tomó su lecho, y anduvo. Y era día de reposo aquel día.

10 Entonces los judíos dijeron a aquel que había sido sanado: Es día de reposo; no te es lícito llevar tu lecho.

11 Él les respondió: El que me sanó, él mismo me dijo: Toma tu lecho y anda.

12 Entonces le preguntaron: ¿Quién es el que te dijo: Toma tu lecho y anda?

13 Y el que había sido sanado no sabía quién fuese, porque Jesús se había apartado de la gente que estaba en aquel lugar.

14 Después le halló Jesús en el templo, y le dijo: Mira, has sido sanado; no peques más, para que no te venga alguna cosa peor.

15 El hombre se fue, y dio aviso a los judíos, que Jesús era el que le había sanado.

16 Y por esta causa los judíos perseguían a Jesús, y procuraban matarle, porque hacía estas cosas en el día de reposo.

17 Y Jesús les respondió: Mi Padre hasta ahora trabaja, y yo trabajo.

18 Por esto los judíos aun más procuraban matarle, porque no sólo quebrantaba el día de reposo, sino que también decía que Dios era su propio Padre, haciéndose igual a Dios.

19 Respondió entonces Jesús, y les dijo: De cierto, de cierto os digo: No puede el Hijo hacer nada por sí mismo, sino lo que ve hacer al Padre; porque todo lo que el Padre hace, también lo hace el Hijo igualmente.

20 Porque el Padre ama al Hijo, y le muestra todas las cosas que él hace; y mayores obras que estas le mostrará, de modo que vosotros os maravilléis.

21 Porque como el Padre levanta a los muertos, y les da vida, así también el Hijo a los que quiere da vida.

22 Porque el Padre a nadie juzga, sino que todo el juicio dio al Hijo,

23 para que todos honren al Hijo como honran al Padre. El que no honra al Hijo, no honra al Padre que le envió.

24 De cierto, de cierto os digo: El que oye mi palabra, y cree al que me envió, tiene vida eterna; y no vendrá a condenación, mas ha pasado de muerte a vida.

25 De cierto, de cierto os digo: Viene la hora, y ahora es, cuando los muertos oirán la voz del Hijo de Dios; y los que la oyeren vivirán.

26 Porque como el Padre tiene vida en sí mismo, así también ha dado al Hijo el tener vida en sí mismo;

27 y también le dio autoridad de hacer juicio, por cuanto es el Hijo del Hombre.

28 No os maravilléis de esto; porque vendrá hora cuando todos los que están en los sepulcros oirán su voz;

29 y los que hicieron lo bueno, saldrán a resurrección de vida; mas los que hicieron lo malo, a resurrección de condenación.

30 No puedo yo hacer nada por mí mismo; según oigo, así juzgo; y mi juicio es justo, porque no busco mi voluntad, sino la voluntad del que me envió, la del Padre.

31 Si yo doy testimonio acerca de mí mismo, mi testimonio no es verdadero.

32 Otro es el que da testimonio acerca de mí, y sé que el testimonio que da de mí es verdadero.

33 Vosotros enviasteis mensajeros a Juan, y él dio testimonio de la verdad.

34 Pero yo no recibo testimonio de hombre alguno; mas digo esto, para que vosotros seáis salvos.

35 Él era antorcha que ardía y alumbraba; y vosotros quisisteis regocijaros por un tiempo en su luz.

36 Mas yo tengo mayor testimonio que el de Juan; porque las obras

que el Padre me dio para que cumpliese, las mismas obras que yo hago, dan testimonio de mí, que el Padre me ha enviado.

37 También el Padre que me envió ha dado testimonio de mí. Nunca habéis oído su voz, ni habéis visto su aspecto,

38 ni tenéis su palabra morando en vosotros; porque a quien él envió, vosotros no creéis.

39 Escudriñad las Escrituras; porque a vosotros os parece que en ellas tenéis la vida eterna; y ellas son las que dan testimonio de mí;

40 y no queréis venir a mí para que tengáis vida.

41 Gloria de los hombres no recibo.

42 Mas yo os conozco, que no tenéis amor de Dios en vosotros.

43 Yo he venido en nombre de mi Padre, y no me recibís; si otro viniere en su propio nombre, a ése recibiréis.

44 ¿Cómo podéis vosotros creer, pues recibís gloria los unos de los otros, y no buscáis la gloria que viene del Dios único?

45 No penséis que yo voy a acusaros delante del Padre; hay quien os acusa, Moisés, en quien tenéis vuestra esperanza.

46 Porque si creyeseis a Moisés, me creeríais a mí, porque de mí escribió él.

47 Pero si no creéis a sus escritos, ¿cómo creeréis a mis palabras?

❦ Capítulo 6

1 Después de esto, Jesús fue al otro lado del mar de Galilea, el de Tiberias.

2 Y le seguía gran multitud, porque veían las señales que hacía en los enfermos.

3 Entonces subió Jesús a un monte, y se sentó allí con sus discípulos.

4 Y estaba cerca la pascua, la fiesta de los judíos.

5 Cuando alzó Jesús los ojos, y vio que había venido a él gran multitud, dijo a Felipe: ¿De dónde compraremos pan para que coman éstos?

6 Pero esto decía para probarle; porque él sabía lo que había de hacer.

7 Felipe le respondió: Doscientos denarios de pan no bastarían para que cada uno de ellos tomase un poco.

8 Uno de sus discípulos, Andrés, hermano de Simón Pedro, le dijo:

9 Aquí está un muchacho, que tiene cinco panes de cebada y dos pececillos; mas ¿qué es esto para tantos?

10 Entonces Jesús dijo: Haced recostar la gente. Y había mucha hierba en aquel lugar; y se recostaron como en número de cinco mil varones.

11 Y tomó Jesús aquellos panes, y habiendo dado gracias, los repartió entre los discípulos, y los discípulos entre los que estaban recostados; asimismo de los peces, cuanto querían.

12 Y cuando se hubieron saciado, dijo a sus discípulos: Recoged los pedazos que sobraron, para que no se pierda nada.

13 Recogieron, pues, y llenaron doce cestas de pedazos, que de los cinco panes de cebada sobraron a los que habían comido.

14 Aquellos hombres entonces, viendo la señal que Jesús había hecho, dijeron: Este verdaderamente es el profeta que había de venir al mundo.

15 Pero entendiendo Jesús que iban a venir para apoderarse de él y hacerle rey, volvió a retirarse al monte él solo.

16 Al anochecer, descendieron sus discípulos al mar,

17 y entrando en una barca, iban cruzando el mar hacia Capernaúm. Estaba ya oscuro, y Jesús no había venido a ellos.

18 Y se levantaba el mar con un gran viento que soplaba.

19 Cuando habían remado como veinticinco o treinta estadios, vieron a Jesús que andaba sobre el mar y se acercaba a la barca; y tuvieron miedo.

20 Mas él les dijo: Yo soy; no temáis.

21 Ellos entonces con gusto le recibieron en la barca, la cual llegó en seguida a la tierra adonde iban.

22 El día siguiente, la gente que estaba al otro lado del mar vio que no había habido allí más que una sola barca, y que Jesús no había entrado en ella con sus discípulos, sino que éstos se habían ido solos.

23 Pero otras barcas habían arribado de Tiberias junto al lugar donde habían comido el pan después de haber dado gracias el Señor.

24 Cuando vio, pues, la gente que Jesús no estaba allí, ni sus discípulos, entraron en las barcas y fueron a Capernaúm, buscando a Jesús.

25 Y hallándole al otro lado del mar, le dijeron: Rabí, ¿cuándo llegaste acá?

26 Respondió Jesús y les dijo: De cierto, de cierto os digo que me buscáis, no porque habéis visto las señales, sino porque comisteis el pan y os saciasteis.

27 Trabajad, no por la comida que perece, sino por la comida que a vida eterna permanece, la cual el Hijo del Hombre os dará; porque a éste señaló Dios el Padre.

28 Entonces le dijeron: ¿Qué debemos hacer para poner en práctica las obras de Dios?

29 Respondió Jesús y les dijo: Esta es la obra de Dios, que creáis en el que él ha enviado.

30 Le dijeron entonces: ¿Qué señal, pues, haces tú, para que veamos, y te creamos? ¿Qué obra haces?

31 Nuestros padres comieron el maná en el desierto, como está escrito: Pan del cielo les dio a comer.

32 Y Jesús les dijo: De cierto, de cierto os digo: No os dio Moisés el pan del cielo, mas mi Padre os da el verdadero pan del cielo.

33 Porque el pan de Dios es aquel que descendió del cielo y da vida al mundo.

34 Le dijeron: Señor, danos siempre este pan.

35 Jesús les dijo: Yo soy el pan de vida; el que a mí viene, nunca tendrá hambre; y el que en mí cree, no tendrá sed jamás.

36 Mas os he dicho, que aunque me habéis visto, no creéis.

37 Todo lo que el Padre me da, vendrá a mí; y al que a mí viene, no le echo fuera.

38 Porque he descendido del cielo, no para hacer mi voluntad, sino la voluntad del que me envió.

39 Y esta es la voluntad del Padre, el que me envió: Que de todo lo que me diere, no pierda yo nada, sino que lo resucite en el día postrero.

40 Y esta es la voluntad del que me ha enviado: Que todo aquel que ve al Hijo, y cree en él, tenga vida eterna; y yo le resucitaré en el día postrero.

41 Murmuraban entonces de él los judíos, porque había dicho: Yo soy el pan que descendió del cielo.

42 Y decían: ¿No es éste Jesús, el hijo de José, cuyo padre y madre nosotros conocemos? ¿Cómo, pues, dice éste: Del cielo he descendido?

43 Jesús respondió y les dijo: No murmuréis entre vosotros.

44 Ninguno puede venir a mí, si el Padre que me envió no le trajere; y yo le resucitaré en el día postrero.

45 Escrito está en los profetas: Y serán todos enseñados por Dios. Así que, todo aquel que oyó al Padre, y aprendió de él, viene a mí.

46 No que alguno haya visto al Padre, sino aquel que vino de Dios; éste ha visto al Padre.

47 De cierto, de cierto os digo: El que cree en mí, tiene vida eterna.

48 Yo soy el pan de vida.

49 Vuestros padres comieron el maná en el desierto, y murieron.

50 Este es el pan que desciende del cielo, para que el que de él come, no muera.

51 Yo soy el pan vivo que descendió del cielo; si alguno comiere de este pan, vivirá para siempre; y el pan que yo daré es mi carne, la cual yo daré por la vida del mundo.

52 Entonces los judíos contendían entre sí, diciendo: ¿Cómo puede éste darnos a comer su carne?

53 Jesús les dijo: De cierto, de cierto os digo: Si no coméis la carne del Hijo del Hombre, y bebéis su sangre, no tenéis vida en vosotros.

54 El que come mi carne y bebe mi sangre, tiene vida eterna; y yo le resucitaré en el día postrero.

55 Porque mi carne es verdadera comida, y mi sangre es verdadera bebida.

56 El que come mi carne y bebe mi sangre, en mí permanece, y yo en él.

57 Como me envió el Padre viviente, y yo vivo por el Padre, asimismo el que me come, él también vivirá por mí.

58 Este es el pan que descendió del cielo; no como vuestros padres comieron el maná, y murieron; el que come de este pan, vivirá eternamente.

59 Estas cosas dijo en la sinagoga, enseñando en Capernaúm.

60 Al oírlas, muchos de sus discípulos dijeron: Dura es esta palabra; ¿quién la puede oír?

61 Sabiendo Jesús en sí mismo que sus discípulos murmuraban de esto, les dijo: ¿Esto os ofende?

62 ¿Pues qué, si viereis al Hijo del Hombre subir adonde estaba primero?

63 El espíritu es el que da vida; la carne para nada aprovecha; las palabras que yo os he hablado son espíritu y son vida.

64 Pero hay algunos de vosotros que no creen. Porque Jesús sabía desde el principio quiénes eran los que no creían, y quién le había de entregar.

65 Y dijo: Por eso os he dicho que ninguno puede venir a mí, si no le fuere dado del Padre.

66 Desde entonces muchos de sus discípulos volvieron atrás, y ya no andaban con él.

67 Dijo entonces Jesús a los doce: ¿Queréis acaso iros también vosotros?

68 Le respondió Simón Pedro: Señor, ¿a quién iremos? Tú tienes palabras de vida eterna.

69 Y nosotros hemos creído y conocemos que tú eres el Cristo, el Hijo del Dios viviente.

70 Jesús les respondió: ¿No os he escogido yo a vosotros los doce, y uno de vosotros es diablo?

71 Hablaba de Judas Iscariote, hijo de Simón; porque éste era el que le iba a entregar, y era uno de los doce.

❧ Capítulo 7

1 Después de estas cosas, andaba Jesús en Galilea; pues no quería andar en Judea, porque los judíos procuraban matarle.

2 Estaba cerca la fiesta de los judíos, la de los tabernáculos;

3 y le dijeron sus hermanos: Sal de aquí, y vete a Judea, para que también tus discípulos vean las obras que haces.

4 Porque ninguno que procura darse a conocer hace algo en secreto. Si estas cosas haces, manifiéstate al mundo.

5 Porque ni aun sus hermanos creían en él.

6 Entonces Jesús les dijo: Mi tiempo aún no ha llegado, mas vuestro tiempo siempre está presto.

7 No puede el mundo aborreceros a vosotros; mas a mí me aborrece, porque yo testifico de él, que sus obras son malas.

8 Subid vosotros a la fiesta; yo no subo todavía a esa fiesta, porque mi tiempo aún no se ha cumplido.

9 Y habiéndoles dicho esto, se quedó en Galilea.

10 Pero después que sus hermanos habían subido, entonces él también subió a la fiesta, no abiertamente, sino como en secreto.

11 Y le buscaban los judíos en la fiesta, y decían: ¿Dónde está aquél?

12 Y había gran murmullo acerca de él entre la multitud, pues unos decían: Es bueno; pero otros decían: No, sino que engaña al pueblo.

13 Pero ninguno hablaba abiertamente de él, por miedo a los judíos.

14 Mas a la mitad de la fiesta subió Jesús al templo, y enseñaba.

15 Y se maravillaban los judíos, diciendo: ¿Cómo sabe éste letras, sin haber estudiado?

16 Jesús les respondió y dijo: Mi doctrina no es mía, sino de aquel que me envió.

17 El que quiera hacer la voluntad de Dios, conocerá si la doctrina es de Dios, o si yo hablo por mi propia cuenta.

18 El que habla por su propia cuenta, su propia gloria busca; pero el que busca la gloria del que le envió, éste es verdadero, y no hay en él injusticia.

19 ¿No os dio Moisés la ley, y ninguno de vosotros cumple la ley? ¿Por qué procuráis matarme?

20 Respondió la multitud y dijo: Demonio tienes; ¿quién procura matarte?

21 Jesús respondió y les dijo: Una obra hice, y todos os maravilláis.

22 Por cierto, Moisés os dio la circuncisión (no porque sea de Moisés, sino de los padres); y en el día de reposo circuncidáis al hombre.

23 Si recibe el hombre la circuncisión en el día de reposo, para que la ley de Moisés no sea quebrantada, ¿os enojáis conmigo porque en el día de reposo sané completamente a un hombre?

24 No juzguéis según las apariencias, sino juzgad con justo juicio.

25 Decían entonces unos de Jerusalén: ¿No es éste a quien buscan para matarle?

26 Pues mirad, habla públicamente, y no le dicen nada. ¿Habrán reconocido en verdad los gobernantes que éste es el Cristo?

27 Pero éste, sabemos de dónde es; mas cuando venga el Cristo, nadie sabrá de dónde sea.

28 Jesús entonces, enseñando en el templo, alzó la voz y dijo: A mí me conocéis, y sabéis de dónde soy; y no he venido de mí mismo, pero el que me envió es verdadero, a quien vosotros no conocéis.

29 Pero yo le conozco, porque de él procedo, y él me envió.

30 Entonces procuraban prenderle; pero ninguno le echó mano, porque aún no había llegado su hora.

31 Y muchos de la multitud creyeron en él, y decían: El Cristo, cuando venga, ¿hará más señales que las que éste hace?

32 Los fariseos oyeron a la gente que murmuraba de él estas cosas; y los principales sacerdotes y los fariseos enviaron alguaciles para que le prendiesen.

33 Entonces Jesús dijo: Todavía un poco de tiempo estaré con vosotros, e iré al que me envió.

34 Me buscaréis, y no me hallaréis; y a donde yo estaré, vosotros no podréis venir.

35 Entonces los judíos dijeron entre sí: ¿Adónde se irá éste, que no le hallemos? ¿Se irá a los dispersos entre los griegos, y enseñará a los griegos?

36 ¿Qué significa esto que dijo: Me buscaréis, y no me hallaréis; y a donde yo estaré, vosotros no podréis venir?

37 En el último y gran día de la fiesta, Jesús se puso en pie y alzó la voz, diciendo: Si alguno tiene sed, venga a mí y beba.

38 El que cree en mí, como dice la Escritura, de su interior correrán ríos de agua viva.

39 Esto dijo del Espíritu que habían de recibir los que creyesen en él; pues aún no había venido el Espíritu Santo, porque Jesús no había sido aún glorificado.

40 Entonces algunos de la multitud, oyendo estas palabras, decían: Verdaderamente éste es el profeta.

41 Otros decían: Este es el Cristo. Pero algunos decían: ¿De Galilea ha de venir el Cristo?

42 ¿No dice la Escritura que del linaje de David, y de la aldea de Belén, de donde era David, ha de venir el Cristo?

43 Hubo entonces disensión entre la gente a causa de él.

44 Y algunos de ellos querían prenderle; pero ninguno le echó mano.

45 Los alguaciles vinieron a los principales sacerdotes y a los fariseos; y éstos les dijeron: ¿Por qué no le habéis traído?

46 Los alguaciles respondieron: ¡Jamás hombre alguno ha hablado como este hombre!

47 Entonces los fariseos les respondieron: ¿También vosotros habéis sido engañados?

48 ¿Acaso ha creído en él alguno de los gobernantes, o de los fariseos?

49 Mas esta gente que no sabe la ley, maldita es.

50 Les dijo Nicodemo, el que vino a él de noche, el cual era uno de ellos:

51 ¿Juzga acaso nuestra ley a un hombre si primero no le oye, y sabe lo que ha hecho?

52 Respondieron y le dijeron: ¿Eres tú también galileo? Escudriña y ve que de Galilea nunca se ha levantado profeta.

53 Cada uno se fue a su casa;

❦ Capítulo 8

1 y Jesús se fue al monte de los Olivos.

2 Y por la mañana volvió al templo, y todo el pueblo vino a él; y sentado él, les enseñaba.

3 Entonces los escribas y los fariseos le trajeron una mujer sorprendida en adulterio; y poniéndola en medio,

4 le dijeron: Maestro, esta mujer ha sido sorprendida en el acto mismo de adulterio.

5 Y en la ley nos mandó Moisés apedrear a tales mujeres. Tú, pues, ¿qué dices?

6 Mas esto decían tentándole, para poder acusarle. Pero Jesús, inclinado hacia el suelo, escribía en tierra con el dedo.

7 Y como insistieran en preguntarle, se enderezó y les dijo: El que de

vosotros esté sin pecado sea el primero en arrojar la piedra contra ella.

8 E inclinándose de nuevo hacia el suelo, siguió escribiendo en tierra.

9 Pero ellos, al oír esto, acusados por su conciencia, salían uno a uno, comenzando desde los más viejos hasta los postreros; y quedó solo Jesús, y la mujer que estaba en medio.

10 Enderezándose Jesús, y no viendo a nadie sino a la mujer, le dijo: Mujer, ¿dónde están los que te acusaban? ¿Ninguno te condenó?

11 Ella dijo: Ninguno, Señor. Entonces Jesús le dijo: Ni yo te condeno; vete, y no peques más.

12 Otra vez Jesús les habló, diciendo: Yo soy la luz del mundo; el que me sigue, no andará en tinieblas, sino que tendrá la luz de la vida.

13 Entonces los fariseos le dijeron: Tú das testimonio acerca de ti mismo; tu testimonio no es verdadero.

14 Respondió Jesús y les dijo: Aunque yo doy testimonio acerca de mí mismo, mi testimonio es verdadero, porque sé de dónde he venido y a dónde voy; pero vosotros no sabéis de dónde vengo, ni a dónde voy.

15 Vosotros juzgáis según la carne; yo no juzgo a nadie.

16 Y si yo juzgo, mi juicio es verdadero; porque no soy yo solo, sino yo y el que me envió, el Padre.

17 Y en vuestra ley está escrito que el testimonio de dos hombres es verdadero.

18 Yo soy el que doy testimonio de mí mismo, y el Padre que me envió da testimonio de mí.

19 Ellos le dijeron: ¿Dónde está tu Padre? Respondió Jesús: Ni a mí me conocéis, ni a mi Padre; si a mí me conocieseis, también a mi Padre conoceríais.

20 Estas palabras habló Jesús en el lugar de las ofrendas, enseñando en el templo; y nadie le prendió, porque aún no había llegado su hora.

21 Otra vez les dijo Jesús: Yo me voy, y me buscaréis, pero en vuestro pecado moriréis; a donde yo voy, vosotros no podéis venir.

22 Decían entonces los judíos: ¿Acaso se matará a sí mismo, que dice: A donde yo voy, vosotros no podéis venir?

23 Y les dijo: Vosotros sois de abajo, yo soy de arriba; vosotros sois de este mundo, yo no soy de este mundo.

24 Por eso os dije que moriréis en vuestros pecados; porque si no creéis que yo soy, en vuestros pecados moriréis.

25 Entonces le dijeron: ¿Tú quién eres? Entonces Jesús les dijo: Lo que desde el principio os he dicho.

26 Muchas cosas tengo que decir y juzgar de vosotros; pero el que me envió es verdadero; y yo, lo que he oído de él, esto hablo al mundo.

27 Pero no entendieron que les hablaba del Padre.

28 Les dijo, pues, Jesús: Cuando hayáis levantado al Hijo del Hombre, entonces conoceréis que yo soy, y que nada hago por mí mismo, sino que según me enseñó el Padre, así hablo.

29 Porque el que me envió, conmigo está; no me ha dejado solo el Padre, porque yo hago siempre lo que le agrada.

30 Hablando él estas cosas, muchos creyeron en él.

31 Dijo entonces Jesús a los judíos que habían creído en él: Si vosotros permaneciereis en mi palabra, seréis verdaderamente mis discípulos;

32 y conoceréis la verdad, y la verdad os hará libres.

33 Le respondieron: Linaje de Abraham somos, y jamás hemos sido esclavos de nadie. ¿Cómo dices tú: Seréis libres?

34 Jesús les respondió: De cierto, de cierto os digo, que todo aquel que hace pecado, esclavo es del pecado.

35 Y el esclavo no queda en la casa para siempre; el hijo sí queda para siempre.

36 Así que, si el Hijo os libertare, seréis verdaderamente libres.

37 Sé que sois descendientes de Abraham; pero procuráis matarme, porque mi palabra no halla cabida en vosotros.

38 Yo hablo lo que he visto cerca del Padre; y vosotros hacéis lo que habéis oído cerca de vuestro padre.

39 Respondieron y le dijeron: Nuestro padre es Abraham. Jesús les dijo: Si fueseis hijos de Abraham, las obras de Abraham haríais.

40 Pero ahora procuráis matarme a mí, hombre que os he hablado la verdad, la cual he oído de Dios; no hizo esto Abraham.

41 Vosotros hacéis las obras de vuestro padre. Entonces le dijeron:

Nosotros no somos nacidos de fornicación; un padre tenemos, que es Dios.

42 Jesús entonces les dijo: Si vuestro padre fuese Dios, ciertamente me amaríais; porque yo de Dios he salido, y he venido; pues no he venido de mí mismo, sino que él me envió.

43 ¿Por qué no entendéis mi lenguaje? Porque no podéis escuchar mi palabra.

44 Vosotros sois de vuestro padre el diablo, y los deseos de vuestro padre queréis hacer. Él ha sido homicida desde el principio, y no ha permanecido en la verdad, porque no hay verdad en él. Cuando habla mentira, de suyo habla; porque es mentiroso, y padre de mentira.

45 Y a mí, porque digo la verdad, no me creéis.

46 ¿Quién de vosotros me redarguye de pecado? Pues si digo la verdad, ¿por qué vosotros no me creéis?

47 El que es de Dios, las palabras de Dios oye; por esto no las oís vosotros, porque no sois de Dios.

48 Respondieron entonces los judíos, y le dijeron: ¿No decimos bien nosotros, que tú eres samaritano, y que tienes demonio?

49 Respondió Jesús: Yo no tengo demonio, antes honro a mi Padre; y vosotros me deshonráis.

50 Pero yo no busco mi gloria; hay quien la busca, y juzga.

51 De cierto, de cierto os digo, que el que guarda mi palabra, nunca verá muerte.

52 Entonces los judíos le dijeron: Ahora conocemos que tienes demonio. Abraham murió, y los profetas; y tú dices: El que guarda mi palabra, nunca sufrirá muerte.

53 ¿Eres tú acaso mayor que nuestro padre Abraham, el cual murió? ¡Y los profetas murieron! ¿Quién te haces a ti mismo?

54 Respondió Jesús: Si yo me glorifico a mí mismo, mi gloria nada es; mi Padre es el que me glorifica, el que vosotros decís que es vuestro Dios.

55 Pero vosotros no le conocéis; mas yo le conozco, y si dijere que no le conozco, sería mentiroso como vosotros; pero le conozco, y guardo su palabra.

56 Abraham vuestro padre se gozó de que había de ver mi día; y lo vio, y se gozó.

57 Entonces le dijeron los judíos: Aún no tienes cincuenta años, ¿y has visto a Abraham?

58 Jesús les dijo: De cierto, de cierto os digo: Antes que Abraham fuese, yo soy.

59 Tomaron entonces piedras para arrojárselas; pero Jesús se escondió y salió del templo; y atravesando por en medio de ellos, se fue.

❦ Capítulo 9 ───────────────────

1 Al pasar Jesús, vio a un hombre ciego de nacimiento.

2 Y le preguntaron sus discípulos, diciendo: Rabí, ¿quién pecó, éste o sus padres, para que haya nacido ciego?

3 Respondió Jesús: No es que pecó éste, ni sus padres, sino para que las obras de Dios se manifiesten en él.

4 Me es necesario hacer las obras del que me envió, entre tanto que el día dura; la noche viene, cuando nadie puede trabajar.

5 Entre tanto que estoy en el mundo, luz soy del mundo.

6 Dicho esto, escupió en tierra, e hizo lodo con la saliva, y untó con el lodo los ojos del ciego,

7 y le dijo: Ve a lavarte en el estanque de Siloé (que traducido es, Enviado). Fue entonces, y se lavó, y regresó viendo.

8 Entonces los vecinos, y los que antes le habían visto que era ciego, decían: ¿No es éste el que se sentaba y mendigaba?

9 Unos decían: Él es; y otros: A él se parece. Él decía: Yo soy.

10 Y le dijeron: ¿Cómo te fueron abiertos los ojos?

11 Respondió él y dijo: Aquel hombre que se llama Jesús hizo lodo, me untó los ojos, y me dijo: Ve al Siloé, y lávate; y fui, y me lavé, y recibí la vista.

12 Entonces le dijeron: ¿Dónde está él? Él dijo: No sé.

13 Llevaron ante los fariseos al que había sido ciego.

14 Y era día de reposo cuando Jesús había hecho el lodo, y le había abierto los ojos.

15 Volvieron, pues, a preguntarle también los fariseos cómo había

recibido la vista. Él les dijo: Me puso lodo sobre los ojos, y me lavé, y veo.

16 Entonces algunos de los fariseos decían: Ese hombre no procede de Dios, porque no guarda el día de reposo. Otros decían: ¿Cómo puede un hombre pecador hacer estas señales? Y había disensión entre ellos.

17 Entonces volvieron a decirle al ciego: ¿Qué dices tú del que te abrió los ojos? Y él dijo: Que es profeta.

18 Pero los judíos no creían que él había sido ciego, y que había recibido la vista, hasta que llamaron a los padres del que había recibido la vista,

19 y les preguntaron, diciendo: ¿Es éste vuestro hijo, el que vosotros decís que nació ciego? ¿Cómo, pues, ve ahora?

20 Sus padres respondieron y les dijeron: Sabemos que éste es nuestro hijo, y que nació ciego;

21 pero cómo vea ahora, no lo sabemos; o quién le haya abierto los ojos, nosotros tampoco lo sabemos; edad tiene, preguntadle a él; él hablará por sí mismo.

22 Esto dijeron sus padres, porque tenían miedo de los judíos, por cuanto los judíos ya habían acordado que si alguno confesase que Jesús era el Mesías, fuera expulsado de la sinagoga.

23 Por eso dijeron sus padres: Edad tiene, preguntadle a él.

24 Entonces volvieron a llamar al hombre que había sido ciego, y le dijeron: Da gloria a Dios; nosotros sabemos que ese hombre es pecador.

25 Entonces él respondió y dijo: Si es pecador, no lo sé; una cosa sé, que habiendo yo sido ciego, ahora veo.

26 Le volvieron a decir: ¿Qué te hizo? ¿Cómo te abrió los ojos?

27 Él les respondió: Ya os lo he dicho, y no habéis querido oír; ¿por qué lo queréis oír otra vez? ¿Queréis también vosotros haceros sus discípulos?

28 Y le injuriaron, y dijeron: Tú eres su discípulo; pero nosotros, discípulos de Moisés somos.

29 Nosotros sabemos que Dios ha hablado a Moisés; pero respecto a ése, no sabemos de dónde sea.

30 Respondió el hombre, y les dijo: Pues esto es lo maravilloso, que vosotros no sepáis de dónde sea, y a mí me abrió los ojos.

31 Y sabemos que Dios no oye a los pecadores; pero si alguno es temeroso de Dios, y hace su voluntad, a ése oye.

32 Desde el principio no se ha oído decir que alguno abriese los ojos a uno que nació ciego.

33 Si éste no viniera de Dios, nada podría hacer.

34 Respondieron y le dijeron: Tú naciste del todo en pecado, ¿y nos enseñas a nosotros? Y le expulsaron.

35 Oyó Jesús que le habían expulsado; y hallándole, le dijo: ¿Crees tú en el Hijo de Dios?

36 Respondió él y dijo: ¿Quién es, Señor, para que crea en él?

37 Le dijo Jesús: Pues le has visto, y el que habla contigo, él es.

38 Y él dijo: Creo, Señor; y le adoró.

39 Dijo Jesús: Para juicio he venido yo a este mundo; para que los que no ven, vean, y los que ven, sean cegados.

40 Entonces algunos de los fariseos que estaban con él, al oír esto, le dijeron: ¿Acaso nosotros somos también ciegos?

41 Jesús les respondió: Si fuerais ciegos, no tendríais pecado; mas ahora, porque decís: Vemos, vuestro pecado permanece.

❦ Capítulo 10

1 De cierto, de cierto os digo: El que no entra por la puerta en el redil de las ovejas, sino que sube por otra parte, ése es ladrón y salteador.

2 Mas el que entra por la puerta, el pastor de las ovejas es.

3 A éste abre el portero, y las ovejas oyen su voz; y a sus ovejas llama por nombre, y las saca.

4 Y cuando ha sacado fuera todas las propias, va delante de ellas; y las ovejas le siguen, porque conocen su voz.

5 Mas al extraño no seguirán, sino huirán de él, porque no conocen la voz de los extraños.

6 Esta alegoría les dijo Jesús; pero ellos no entendieron qué era lo que les decía.

7 Volvió, pues, Jesús a decirles: De cierto, de cierto os digo: Yo soy la puerta de las ovejas.

8 Todos los que antes de mí vinieron, ladrones son y salteadores; pero no los oyeron las ovejas.

9 Yo soy la puerta; el que por mí entrare, será salvo; y entrará, y saldrá, y hallará pastos.

10 El ladrón no viene sino para hurtar y matar y destruir; yo he venido para que tengan vida, y para que la tengan en abundancia.

11 Yo soy el buen pastor; el buen pastor su vida da por las ovejas.

12 Mas el asalariado, y que no es el pastor, de quien no son propias las ovejas, ve venir al lobo y deja las ovejas y huye, y el lobo arrebata las ovejas y las dispersa.

13 Así que el asalariado huye, porque es asalariado, y no le importan las ovejas.

14 Yo soy el buen pastor; y conozco mis ovejas, y las mías me conocen,

15 así como el Padre me conoce, y yo conozco al Padre; y pongo mi vida por las ovejas.

16 También tengo otras ovejas que no son de este redil; aquéllas también debo traer, y oirán mi voz; y habrá un rebaño, y un pastor.

17 Por eso me ama el Padre, porque yo pongo mi vida, para volverla a tomar.

18 Nadie me la quita, sino que yo de mí mismo la pongo. Tengo poder para ponerla, y tengo poder para volverla a tomar. Este mandamiento recibí de mi Padre.

19 Volvió a haber disensión entre los judíos por estas palabras.

20 Muchos de ellos decían: Demonio tiene, y está fuera de sí; ¿por qué le oís?

21 Decían otros: Estas palabras no son de endemoniado. ¿Puede acaso el demonio abrir los ojos de los ciegos?

22 Celebrábase en Jerusalén la fiesta de la dedicación. Era invierno,

23 y Jesús andaba en el templo por el pórtico de Salomón.

24 Y le rodearon los judíos y le dijeron: ¿Hasta cuándo nos turbarás el alma? Si tú eres el Cristo, dínoslo abiertamente.

25 Jesús les respondió: Os lo he dicho, y no creéis; las obras que yo hago en nombre de mi Padre, ellas dan testimonio de mí;

26 pero vosotros no creéis, porque no sois de mis ovejas, como os he dicho.

27 Mis ovejas oyen mi voz, y yo las conozco, y me siguen,

28 y yo les doy vida eterna; y no perecerán jamás, ni nadie las arrebatará de mi mano.

29 Mi Padre que me las dio, es mayor que todos, y nadie las puede arrebatar de la mano de mi Padre.

30 Yo y el Padre uno somos.

31 Entonces los judíos volvieron a tomar piedras para apedrearle.

32 Jesús les respondió: Muchas buenas obras os he mostrado de mi Padre; ¿por cuál de ellas me apedreáis?

33 Le respondieron los judíos, diciendo: Por buena obra no te apedreamos, sino por la blasfemia; porque tú, siendo hombre, te haces Dios.

34 Jesús les respondió: ¿No está escrito en vuestra ley: Yo dije, dioses sois?

35 Si llamó dioses a aquellos a quienes vino la palabra de Dios (y la Escritura no puede ser quebrantada),

36 ¿al que el Padre santificó y envió al mundo, vosotros decís: Tú blasfemas, porque dije: Hijo de Dios soy?

37 Si no hago las obras de mi Padre, no me creáis.

38 Mas si las hago, aunque no me creáis a mí, creed a las obras, para que conozcáis y creáis que el Padre está en mí, y yo en el Padre.

39 Procuraron otra vez prenderle, pero él se escapó de sus manos.

40 Y se fue de nuevo al otro lado del Jordán, al lugar donde primero había estado bautizando Juan; y se quedó allí.

41 Y muchos venían a él, y decían: Juan, a la verdad, ninguna señal hizo; pero todo lo que Juan dijo de éste, era verdad.

42 Y muchos creyeron en él allí.

❦ Capítulo 11 ──────────────

1 Estaba entonces enfermo uno llamado Lázaro, de Betania, la aldea de María y de Marta su hermana.

2 (María, cuyo hermano Lázaro estaba enfermo, fue la que ungió al Señor con perfume, y le enjugó los pies con sus cabellos.)

3 Enviaron, pues, las hermanas para decir a Jesús: Señor, he aquí el que amas está enfermo.

4 Oyéndolo Jesús, dijo: Esta enfermedad no es para muerte, sino para la gloria de Dios, para que el Hijo de Dios sea glorificado por ella.

5 Y amaba Jesús a Marta, a su hermana y a Lázaro.

6 Cuando oyó, pues, que estaba enfermo, se quedó dos días más en el lugar donde estaba.

7 Luego, después de esto, dijo a los discípulos: Vamos a Judea otra vez.

8 Le dijeron los discípulos: Rabí, ahora procuraban los judíos apedrearte, ¿y otra vez vas allá?

9 Respondió Jesús: ¿No tiene el día doce horas? El que anda de día, no tropieza, porque ve la luz de este mundo;

10 pero el que anda de noche, tropieza, porque no hay luz en él.

11 Dicho esto, les dijo después: Nuestro amigo Lázaro duerme; mas voy para despertarle.

12 Dijeron entonces sus discípulos: Señor, si duerme, sanará.

13 Pero Jesús decía esto de la muerte de Lázaro; y ellos pensaron que hablaba del reposar del sueño.

14 Entonces Jesús les dijo claramente: Lázaro ha muerto;

15 y me alegro por vosotros, de no haber estado allí, para que creáis; mas vamos a él.

16 Dijo entonces Tomás, llamado Dídimo, a sus condiscípulos: Vamos también nosotros, para que muramos con él.

17 Vino, pues, Jesús, y halló que hacía ya cuatro días que Lázaro estaba en el sepulcro.

18 Betania estaba cerca de Jerusalén, como a quince estadios;

19 y muchos de los judíos habían venido a Marta y a María, para consolarlas por su hermano.

20 Entonces Marta, cuando oyó que Jesús venía, salió a encontrarle; pero María se quedó en casa.

21 Y Marta dijo a Jesús: Señor, si hubieses estado aquí, mi hermano no habría muerto.

22 Mas también sé ahora que todo lo que pidas a Dios, Dios te lo dará.

23 Jesús le dijo: Tu hermano resucitará.

24 Marta le dijo: Yo sé que resucitará en la resurrección, en el día postrero.

25 Le dijo Jesús: Yo soy la resurrección y la vida; el que cree en mí, aunque esté muerto, vivirá.

26 Y todo aquel que vive y cree en mí, no morirá eternamente. ¿Crees esto?

27 Le dijo: Sí, Señor; yo he creído que tú eres el Cristo, el Hijo de Dios, que has venido al mundo.

28 Habiendo dicho esto, fue y llamó a María su hermana, diciéndole en secreto: El Maestro está aquí y te llama.

29 Ella, cuando lo oyó, se levantó de prisa y vino a él.

30 Jesús todavía no había entrado en la aldea, sino que estaba en el lugar donde Marta le había encontrado.

31 Entonces los judíos que estaban en casa con ella y la consolaban, cuando vieron que María se había levantado de prisa y había salido, la siguieron, diciendo: Va al sepulcro a llorar allí.

32 María, cuando llegó a donde estaba Jesús, al verle, se postró a sus pies, diciéndole: Señor, si hubieses estado aquí, no habría muerto mi hermano.

33 Jesús entonces, al verla llorando, y a los judíos que la acompañaban, también llorando, se estremeció en espíritu y se conmovió,

34 y dijo: ¿Dónde le pusisteis? Le dijeron: Señor, ven y ve.

35 Jesús lloró.

36 Dijeron entonces los judíos: Mirad cómo le amaba.

37 Y algunos de ellos dijeron: ¿No podía éste, que abrió los ojos al ciego, haber hecho también que Lázaro no muriera?

38 Jesús, profundamente conmovido otra vez, vino al sepulcro. Era una cueva, y tenía una piedra puesta encima.

39 Dijo Jesús: Quitad la piedra. Marta, la hermana del que había muerto, le dijo: Señor, hiede ya, porque es de cuatro días.

40 Jesús le dijo: ¿No te he dicho que si crees, verás la gloria de Dios?

41 Entonces quitaron la piedra de donde había sido puesto el muerto. Y Jesús, alzando los ojos a lo alto, dijo: Padre, gracias te doy por haberme oído.

42 Yo sabía que siempre me oyes; pero lo dije por causa de la multitud que está alrededor, para que crean que tú me has enviado.

43 Y habiendo dicho esto, clamó a gran voz: ¡Lázaro, ven fuera!

44 Y el que había muerto salió, atadas las manos y los pies con vendas, y el rostro envuelto en un sudario. Jesús les dijo: Desatadle, y dejadle ir.

45 Entonces muchos de los judíos que habían venido para acompañar a María, y vieron lo que hizo Jesús, creyeron en él.

46 Pero algunos de ellos fueron a los fariseos y les dijeron lo que Jesús había hecho.

47 Entonces los principales sacerdotes y los fariseos reunieron el concilio, y dijeron: ¿Qué haremos? Porque este hombre hace muchas señales.

48 Si le dejamos así, todos creerán en él; y vendrán los romanos, y destruirán nuestro lugar santo y nuestra nación.

49 Entonces Caifás, uno de ellos, sumo sacerdote aquel año, les dijo: Vosotros no sabéis nada;

50 ni pensáis que nos conviene que un hombre muera por el pueblo, y no que toda la nación perezca.

51 Esto no lo dijo por sí mismo, sino que como era el sumo sacerdote aquel año, profetizó que Jesús había de morir por la nación;

52 y no solamente por la nación, sino también para congregar en uno a los hijos de Dios que estaban dispersos.

53 Así que, desde aquel día acordaron matarle.

54 Por tanto, Jesús ya no andaba abiertamente entre los judíos, sino que se alejó de allí a la región contigua al desierto, a una ciudad llamada Efraín; y se quedó allí con sus discípulos.

55 Y estaba cerca la pascua de los judíos; y muchos subieron de aquella región a Jerusalén antes de la pascua, para purificarse.

56 Y buscaban a Jesús, y estando ellos en el templo, se preguntaban unos a otros: ¿Qué os parece? ¿No vendrá a la fiesta?

57 Y los principales sacerdotes y los fariseos habían dado orden de que si alguno supiese dónde estaba, lo manifestase, para que le prendiesen.

❦ Capítulo 12 ———————————

1 Seis días antes de la pascua, vino Jesús a Betania, donde estaba Lázaro, el que había estado muerto, y a quien había resucitado de los muertos.

2 Y le hicieron allí una cena; Marta servía, y Lázaro era uno de los que estaban sentados a la mesa con él.

3 Entonces María tomó una libra de perfume de nardo puro, de mucho precio, y ungió los pies de Jesús, y los enjugó con sus cabellos; y la casa se llenó del olor del perfume.

4 Y dijo uno de sus discípulos, Judas Iscariote hijo de Simón, el que le había de entregar:

5 ¿Por qué no fue este perfume vendido por trescientos denarios, y dado a los pobres?

6 Pero dijo esto, no porque se cuidara de los pobres, sino porque era ladrón, y teniendo la bolsa, sustraía de lo que se echaba en ella.

7 Entonces Jesús dijo: Déjala; para el día de mi sepultura ha guardado esto.

8 Porque a los pobres siempre los tendréis con vosotros, mas a mí no siempre me tendréis.

9 Gran multitud de los judíos supieron entonces que él estaba allí, y vinieron, no solamente por causa de Jesús, sino también para ver a Lázaro, a quien había resucitado de los muertos.

10 Pero los principales sacerdotes acordaron dar muerte también a Lázaro,

11 porque a causa de él muchos de los judíos se apartaban y creían en Jesús.

12 El siguiente día, grandes multitudes que habían venido a la fiesta, al oír que Jesús venía a Jerusalén,

13 tomaron ramas de palmera y salieron a recibirle, y clamaban: ¡Hosanna! ¡Bendito el que viene en el nombre del Señor, el Rey de Israel!

14 Y halló Jesús un asnillo, y montó sobre él, como está escrito:

15 No temas, hija de Sion; He aquí tu Rey viene, Montado sobre un pollino de asna.

16 Estas cosas no las entendieron sus discípulos al principio; pero cuando Jesús fue glorificado, entonces se acordaron de que estas cosas estaban escritas acerca de él, y de que se las habían hecho.

17 Y daba testimonio la gente que estaba con él cuando llamó a Lázaro del sepulcro, y le resucitó de los muertos.

18 Por lo cual también había venido la gente a recibirle, porque había oído que él había hecho esta señal.

19 Pero los fariseos dijeron entre sí: Ya veis que no conseguís nada. Mirad, el mundo se va tras él.

20 Había ciertos griegos entre los que habían subido a adorar en la fiesta.

21 Estos, pues, se acercaron a Felipe, que era de Betsaida de Galilea, y le rogaron, diciendo: Señor, quisiéramos ver a Jesús.

22 Felipe fue y se lo dijo a Andrés; entonces Andrés y Felipe se lo dijeron a Jesús.

23 Jesús les respondió diciendo: Ha llegado la hora para que el Hijo del Hombre sea glorificado.

24 De cierto, de cierto os digo, que si el grano de trigo no cae en la tierra y muere, queda solo; pero si muere, lleva mucho fruto.

25 El que ama su vida, la perderá; y el que aborrece su vida en este mundo, para vida eterna la guardará.

26 Si alguno me sirve, sígame; y donde yo estuviere, allí también estará mi servidor. Si alguno me sirviere, mi Padre le honrará.

27 Ahora está turbada mi alma; ¿y qué diré? ¿Padre, sálvame de esta hora? Mas para esto he llegado a esta hora.

28 Padre, glorifica tu nombre. Entonces vino una voz del cielo: Lo he glorificado, y lo glorificaré otra vez.

29 Y la multitud que estaba allí, y había oído la voz, decía que había sido un trueno. Otros decían: Un ángel le ha hablado.

30 Respondió Jesús y dijo: No ha venido esta voz por causa mía, sino por causa de vosotros.

31 Ahora es el juicio de este mundo; ahora el príncipe de este mundo será echado fuera.

32 Y yo, si fuere levantado de la tierra, a todos atraeré a mí mismo.

33 Y decía esto dando a entender de qué muerte iba a morir.

34 Le respondió la gente: Nosotros hemos oído de la ley, que el Cristo permanece para siempre. ¿Cómo, pues, dices tú que es necesario que el Hijo del Hombre sea levantado? ¿Quién es este Hijo del Hombre?

35 Entonces Jesús les dijo: Aún por un poco está la luz entre vosotros;

andad entre tanto que tenéis luz, para que no os sorprendan las tinieblas; porque el que anda en tinieblas, no sabe a dónde va.

36 Entre tanto que tenéis la luz, creed en la luz, para que seáis hijos de luz. Estas cosas habló Jesús, y se fue y se ocultó de ellos.

37 Pero a pesar de que había hecho tantas señales delante de ellos, no creían en él;

38 para que se cumpliese la palabra del profeta Isaías, que dijo: Señor, ¿quién ha creído a nuestro anuncio? ¿Y a quién se ha revelado el brazo del Señor?

39 Por esto no podían creer, porque también dijo Isaías:

40 Cegó los ojos de ellos, y endureció su corazón; Para que no vean con los ojos, y entiendan con el corazón, Y se conviertan, y yo los sane.

41 Isaías dijo esto cuando vio su gloria, y habló acerca de él.

42 Con todo eso, aun de los gobernantes, muchos creyeron en él; pero a causa de los fariseos no lo confesaban, para no ser expulsados de la sinagoga.

43 Porque amaban más la gloria de los hombres que la gloria de Dios.

44 Jesús clamó y dijo: El que cree en mí, no cree en mí, sino en el que me envió;

45 y el que me ve, ve al que me envió.

46 Yo, la luz, he venido al mundo, para que todo aquel que cree en mí no permanezca en tinieblas.

47 Al que oye mis palabras, y no las guarda, yo no le juzgo; porque no he venido a juzgar al mundo, sino a salvar al mundo.

48 El que me rechaza, y no recibe mis palabras, tiene quien le juzgue; la palabra que he hablado, ella le juzgará en el día postrero.

49 Porque yo no he hablado por mi propia cuenta; el Padre que me envió, él me dio mandamiento de lo que he de decir, y de lo que he de hablar.

50 Y sé que su mandamiento es vida eterna. Así pues, lo que yo hablo, lo hablo como el Padre me lo ha dicho.

Capítulo 13

1 Antes de la fiesta de la pascua, sabiendo Jesús que su hora había

llegado para que pasase de este mundo al Padre, como había amado a los suyos que estaban en el mundo, los amó hasta el fin.

2 Y cuando cenaban, como el diablo ya había puesto en el corazón de Judas Iscariote, hijo de Simón, que le entregase,

3 sabiendo Jesús que el Padre le había dado todas las cosas en las manos, y que había salido de Dios, y a Dios iba,

4 se levantó de la cena, y se quitó su manto, y tomando una toalla, se la ciñó.

5 Luego puso agua en un lebrillo, y comenzó a lavar los pies de los discípulos, y a enjugarlos con la toalla con que estaba ceñido.

6 Entonces vino a Simón Pedro; y Pedro le dijo: Señor, ¿tú me lavas los pies?

7 Respondió Jesús y le dijo: Lo que yo hago, tú no lo comprendes ahora; mas lo entenderás después.

8 Pedro le dijo: No me lavarás los pies jamás. Jesús le respondió: Si no te lavare, no tendrás parte conmigo.

9 Le dijo Simón Pedro: Señor, no sólo mis pies, sino también las manos y la cabeza.

10 Jesús le dijo: El que está lavado, no necesita sino lavarse los pies, pues está todo limpio; y vosotros limpios estáis, aunque no todos.

11 Porque sabía quién le iba a entregar; por eso dijo: No estáis limpios todos.

12 Así que, después que les hubo lavado los pies, tomó su manto, volvió a la mesa, y les dijo: ¿Sabéis lo que os he hecho?

13 Vosotros me llamáis Maestro, y Señor; y decís bien, porque lo soy.

14 Pues si yo, el Señor y el Maestro, he lavado vuestros pies, vosotros también debéis lavaros los pies los unos a los otros.

15 Porque ejemplo os he dado, para que como yo os he hecho, vosotros también hagáis.

16 De cierto, de cierto os digo: El siervo no es mayor que su señor, ni el enviado es mayor que el que le envió.

17 Si sabéis estas cosas, bienaventurados seréis si las hiciereis.

18 No hablo de todos vosotros; yo sé a quienes he elegido; mas para que se cumpla la Escritura: El que come pan conmigo, levantó contra mí su calcañar.

19 Desde ahora os lo digo antes que suceda, para que cuando suceda, creáis que yo soy.

20 De cierto, de cierto os digo: El que recibe al que yo enviare, me recibe a mí; y el que me recibe a mí, recibe al que me envió.

21 Habiendo dicho Jesús esto, se conmovió en espíritu, y declaró y dijo: De cierto, de cierto os digo, que uno de vosotros me va a entregar.

22 Entonces los discípulos se miraban unos a otros, dudando de quién hablaba.

23 Y uno de sus discípulos, al cual Jesús amaba, estaba recostado al lado de Jesús.

24 A éste, pues, hizo señas Simón Pedro, para que preguntase quién era aquel de quien hablaba.

25 Él entonces, recostado cerca del pecho de Jesús, le dijo: Señor, ¿quién es?

26 Respondió Jesús: A quien yo diere el pan mojado, aquél es. Y mojando el pan, lo dio a Judas Iscariote hijo de Simón.

27 Y después del bocado, Satanás entró en él. Entonces Jesús le dijo: Lo que vas a hacer, hazlo más pronto.

28 Pero ninguno de los que estaban a la mesa entendió por qué le dijo esto.

29 Porque algunos pensaban, puesto que Judas tenía la bolsa, que Jesús le decía: Compra lo que necesitamos para la fiesta; o que diese algo a los pobres.

30 Cuando él, pues, hubo tomado el bocado, luego salió; y era ya de noche.

31 Entonces, cuando hubo salido, dijo Jesús: Ahora es glorificado el Hijo del Hombre, y Dios es glorificado en él.

32 Si Dios es glorificado en él, Dios también le glorificará en sí mismo, y en seguida le glorificará.

33 Hijitos, aún estaré con vosotros un poco. Me buscaréis; pero como dije a los judíos, así os digo ahora a vosotros: A donde yo voy, vosotros no podéis ir.

34 Un mandamiento nuevo os doy: Que os améis unos a otros; como yo os he amado, que también os améis unos a otros.

35 En esto conocerán todos que sois mis discípulos, si tuviereis amor los unos con los otros.

36 Le dijo Simón Pedro: Señor, ¿a dónde vas? Jesús le respondió: A donde yo voy, no me puedes seguir ahora; mas me seguirás después.

37 Le dijo Pedro: Señor, ¿por qué no te puedo seguir ahora? Mi vida pondré por ti.

38 Jesús le respondió: ¿Tu vida pondrás por mí? De cierto, de cierto te digo: No cantará el gallo, sin que me hayas negado tres veces.

❦ Capítulo 14 ————————————

1 No se turbe vuestro corazón; creéis en Dios, creed también en mí.

2 En la casa de mi Padre muchas moradas hay; si así no fuera, yo os lo hubiera dicho; voy, pues, a preparar lugar para vosotros.

3 Y si me fuere y os preparare lugar, vendré otra vez, y os tomaré a mí mismo, para que donde yo estoy, vosotros también estéis.

4 Y sabéis a dónde voy, y sabéis el camino.

5 Le dijo Tomás: Señor, no sabemos a dónde vas; ¿cómo, pues, podemos saber el camino?

6 Jesús le dijo: Yo soy el camino, y la verdad, y la vida; nadie viene al Padre, sino por mí.

7 Si me conocieseis, también a mi Padre conoceríais; y desde ahora le conocéis, y le habéis visto.

8 Felipe le dijo: Señor, muéstranos el Padre, y nos basta.

9 Jesús le dijo: ¿Tanto tiempo hace que estoy con vosotros, y no me has conocido, Felipe? El que me ha visto a mí, ha visto al Padre; ¿cómo, pues, dices tú: Muéstranos el Padre?

10 ¿No crees que yo soy en el Padre, y el Padre en mí? Las palabras que yo os hablo, no las hablo por mi propia cuenta, sino que el Padre que mora en mí, él hace las obras.

11 Creedme que yo soy en el Padre, y el Padre en mí; de otra manera, creedme por las mismas obras.

12 De cierto, de cierto os digo: El que en mí cree, las obras que yo hago, él las hará también; y aun mayores hará, porque yo voy al Padre.

13 Y todo lo que pidiereis al Padre en mi nombre, lo haré, para que el Padre sea glorificado en el Hijo.

14 Si algo pidiereis en mi nombre, yo lo haré.

15 Si me amáis, guardad mis mandamientos.

16 Y yo rogaré al Padre, y os dará otro Consolador, para que esté con vosotros para siempre:

17 el Espíritu de verdad, al cual el mundo no puede recibir, porque no le ve, ni le conoce; pero vosotros le conocéis, porque mora con vosotros, y estará en vosotros.

18 No os dejaré huérfanos; vendré a vosotros.

19 Todavía un poco, y el mundo no me verá más; pero vosotros me veréis; porque yo vivo, vosotros también viviréis.

20 En aquel día vosotros conoceréis que yo estoy en mi Padre, y vosotros en mí, y yo en vosotros.

21 El que tiene mis mandamientos, y los guarda, ése es el que me ama; y el que me ama, será amado por mi Padre, y yo le amaré, y me manifestaré a él.

22 Le dijo Judas (no el Iscariote): Señor, ¿cómo es que te manifestarás a nosotros, y no al mundo?

23 Respondió Jesús y le dijo: El que me ama, mi palabra guardará; y mi Padre le amará, y vendremos a él, y haremos morada con él.

24 El que no me ama, no guarda mis palabras; y la palabra que habéis oído no es mía, sino del Padre que me envió.

25 Os he dicho estas cosas estando con vosotros.

26 Mas el Consolador, el Espíritu Santo, a quien el Padre enviará en mi nombre, él os enseñará todas las cosas, y os recordará todo lo que yo os he dicho.

27 La paz os dejo, mi paz os doy; yo no os la doy como el mundo la da. No se turbe vuestro corazón, ni tenga miedo.

28 Habéis oído que yo os he dicho: Voy, y vengo a vosotros. Si me amarais, os habríais regocijado, porque he dicho que voy al Padre; porque el Padre mayor es que yo.

29 Y ahora os lo he dicho antes que suceda, para que cuando suceda, creáis.

30 No hablaré ya mucho con vosotros; porque viene el príncipe de este mundo, y él nada tiene en mí.

31 Mas para que el mundo conozca que amo al Padre, y como el Padre me mandó, así hago. Levantaos, vamos de aquí.

❦ Capítulo 15 ─────────────

1 Yo soy la vid verdadera, y mi Padre es el labrador.

2 Todo pámpano que en mí no lleva fruto, lo quitará; y todo aquel que lleva fruto, lo limpiará, para que lleve más fruto.

3 Ya vosotros estáis limpios por la palabra que os he hablado.

4 Permaneced en mí, y yo en vosotros. Como el pámpano no puede llevar fruto por sí mismo, si no permanece en la vid, así tampoco vosotros, si no permanecéis en mí.

5 Yo soy la vid, vosotros los pámpanos; el que permanece en mí, y yo en él, éste lleva mucho fruto; porque separados de mí nada podéis hacer.

6 El que en mí no permanece, será echado fuera como pámpano, y se secará; y los recogen, y los echan en el fuego, y arden.

7 Si permanecéis en mí, y mis palabras permanecen en vosotros, pedid todo lo que queréis, y os será hecho.

8 En esto es glorificado mi Padre, en que llevéis mucho fruto, y seáis así mis discípulos.

9 Como el Padre me ha amado, así también yo os he amado; permaneced en mi amor.

10 Si guardareis mis mandamientos, permaneceréis en mi amor; así como yo he guardado los mandamientos de mi Padre, y permanezco en su amor.

11 Estas cosas os he hablado, para que mi gozo esté en vosotros, y vuestro gozo sea cumplido.

12 Este es mi mandamiento: Que os améis unos a otros, como yo os he amado.

13 Nadie tiene mayor amor que este, que uno ponga su vida por sus amigos.

14 Vosotros sois mis amigos, si hacéis lo que yo os mando.

15 Ya no os llamaré siervos, porque el siervo no sabe lo que hace su

señor; pero os he llamado amigos, porque todas las cosas que oí de mi Padre, os las he dado a conocer.

16 No me elegisteis vosotros a mí, sino que yo os elegí a vosotros, y os he puesto para que vayáis y llevéis fruto, y vuestro fruto permanezca; para que todo lo que pidiereis al Padre en mi nombre, él os lo dé.

17 Esto os mando: Que os améis unos a otros.

18 Si el mundo os aborrece, sabed que a mí me ha aborrecido antes que a vosotros.

19 Si fuerais del mundo, el mundo amaría lo suyo; pero porque no sois del mundo, antes yo os elegí del mundo, por eso el mundo os aborrece.

20 Acordaos de la palabra que yo os he dicho: El siervo no es mayor que su señor. Si a mí me han perseguido, también a vosotros os perseguirán; si han guardado mi palabra, también guardarán la vuestra.

21 Mas todo esto os harán por causa de mi nombre, porque no conocen al que me ha enviado.

22 Si yo no hubiera venido, ni les hubiera hablado, no tendrían pecado; pero ahora no tienen excusa por su pecado.

23 El que me aborrece a mí, también a mi Padre aborrece.

24 Si yo no hubiese hecho entre ellos obras que ningún otro ha hecho, no tendrían pecado; pero ahora han visto y han aborrecido a mí y a mi Padre.

25 Pero esto es para que se cumpla la palabra que está escrita en su ley: Sin causa me aborrecieron.

26 Pero cuando venga el Consolador, a quien yo os enviaré del Padre, el Espíritu de verdad, el cual procede del Padre, él dará testimonio acerca de mí.

27 Y vosotros daréis testimonio también, porque habéis estado conmigo desde el principio.

❦ Capítulo 16 ─────────────

1 Estas cosas os he hablado, para que no tengáis tropiezo.

2 Os expulsarán de las sinagogas; y aun viene la hora cuando cualquiera que os mate, pensará que rinde servicio a Dios.

3 Y harán esto porque no conocen al Padre ni a mí.

4 Mas os he dicho estas cosas, para que cuando llegue la hora, os acordéis de que ya os lo había dicho. Esto no os lo dije al principio, porque yo estaba con vosotros.

5 Pero ahora voy al que me envió; y ninguno de vosotros me pregunta: ¿A dónde vas?

6 Antes, porque os he dicho estas cosas, tristeza ha llenado vuestro corazón.

7 Pero yo os digo la verdad: Os conviene que yo me vaya; porque si no me fuera, el Consolador no vendría a vosotros; mas si me fuere, os lo enviaré.

8 Y cuando él venga, convencerá al mundo de pecado, de justicia y de juicio.

9 De pecado, por cuanto no creen en mí;

10 de justicia, por cuanto voy al Padre, y no me veréis más;

11 y de juicio, por cuanto el príncipe de este mundo ha sido ya juzgado.

12 Aún tengo muchas cosas que deciros, pero ahora no las podéis sobrellevar.

13 Pero cuando venga el Espíritu de verdad, él os guiará a toda la verdad; porque no hablará por su propia cuenta, sino que hablará todo lo que oyere, y os hará saber las cosas que habrán de venir.

14 Él me glorificará; porque tomará de lo mío, y os lo hará saber.

15 Todo lo que tiene el Padre es mío; por eso dije que tomará de lo mío, y os lo hará saber.

16 Todavía un poco, y no me veréis; y de nuevo un poco, y me veréis; porque yo voy al Padre.

17 Entonces se dijeron algunos de sus discípulos unos a otros: ¿Qué es esto que nos dice: Todavía un poco y no me veréis; y de nuevo un poco, y me veréis; y, porque yo voy al Padre?

18 Decían, pues: ¿Qué quiere decir con: Todavía un poco? No entendemos lo que habla.

19 Jesús conoció que querían preguntarle, y les dijo: ¿Preguntáis entre vosotros acerca de esto que dije: Todavía un poco y no me veréis, y de nuevo un poco y me veréis?

20 De cierto, de cierto os digo, que vosotros lloraréis y lamentaréis, y

el mundo se alegrará; pero aunque vosotros estéis tristes, vuestra tristeza se convertirá en gozo.

21 La mujer cuando da a luz, tiene dolor, porque ha llegado su hora; pero después que ha dado a luz un niño, ya no se acuerda de la angustia, por el gozo de que haya nacido un hombre en el mundo.

22 También vosotros ahora tenéis tristeza; pero os volveré a ver, y se gozará vuestro corazón, y nadie os quitará vuestro gozo.

23 En aquel día no me preguntaréis nada. De cierto, de cierto os digo, que todo cuanto pidiereis al Padre en mi nombre, os lo dará.

24 Hasta ahora nada habéis pedido en mi nombre; pedid, y recibiréis, para que vuestro gozo sea cumplido.

25 Estas cosas os he hablado en alegorías; la hora viene cuando ya no os hablaré por alegorías, sino que claramente os anunciaré acerca del Padre.

26 En aquel día pediréis en mi nombre; y no os digo que yo rogaré al Padre por vosotros,

27 pues el Padre mismo os ama, porque vosotros me habéis amado, y habéis creído que yo salí de Dios.

28 Salí del Padre, y he venido al mundo; otra vez dejo el mundo, y voy al Padre.

29 Le dijeron sus discípulos: He aquí ahora hablas claramente, y ninguna alegoría dices.

30 Ahora entendemos que sabes todas las cosas, y no necesitas que nadie te pregunte; por esto creemos que has salido de Dios.

31 Jesús les respondió: ¿Ahora creéis?

32 He aquí la hora viene, y ha venido ya, en que seréis esparcidos cada uno por su lado, y me dejaréis solo; mas no estoy solo, porque el Padre está conmigo.

33 Estas cosas os he hablado para que en mí tengáis paz. En el mundo tendréis aflicción; pero confiad, yo he vencido al mundo.

❦ Capítulo 17 ────────────────

1 Estas cosas habló Jesús, y levantando los ojos al cielo, dijo: Padre, la hora ha llegado; glorifica a tu Hijo, para que también tu Hijo te glorifique a ti;

2 como le has dado potestad sobre toda carne, para que dé vida eterna a todos los que le diste.

3 Y esta es la vida eterna: que te conozcan a ti, el único Dios verdadero, y a Jesucristo, a quien has enviado.

4 Yo te he glorificado en la tierra; he acabado la obra que me diste que hiciese.

5 Ahora pues, Padre, glorifícame tú al lado tuyo, con aquella gloria que tuve contigo antes que el mundo fuese.

6 He manifestado tu nombre a los hombres que del mundo me diste; tuyos eran, y me los diste, y han guardado tu palabra.

7 Ahora han conocido que todas las cosas que me has dado, proceden de ti;

8 porque las palabras que me diste, les he dado; y ellos las recibieron, y han conocido verdaderamente que salí de ti, y han creído que tú me enviaste.

9 Yo ruego por ellos; no ruego por el mundo, sino por los que me diste; porque tuyos son,

10 y todo lo mío es tuyo, y lo tuyo mío; y he sido glorificado en ellos.

11 Y ya no estoy en el mundo; mas éstos están en el mundo, y yo voy a ti. Padre santo, a los que me has dado, guárdalos en tu nombre, para que sean uno, así como nosotros.

12 Cuando estaba con ellos en el mundo, yo los guardaba en tu nombre; a los que me diste, yo los guardé, y ninguno de ellos se perdió, sino el hijo de perdición, para que la Escritura se cumpliese.

13 Pero ahora voy a ti; y hablo esto en el mundo, para que tengan mi gozo cumplido en sí mismos.

14 Yo les he dado tu palabra; y el mundo los aborreció, porque no son del mundo, como tampoco yo soy del mundo.

15 No ruego que los quites del mundo, sino que los guardes del mal.

16 No son del mundo, como tampoco yo soy del mundo.

17 Santifícalos en tu verdad; tu palabra es verdad.

18 Como tú me enviaste al mundo, así yo los he enviado al mundo.

19 Y por ellos yo me santifico a mí mismo, para que también ellos sean santificados en la verdad.

20 Mas no ruego solamente por éstos, sino también por los que han de creer en mí por la palabra de ellos,

21 para que todos sean uno; como tú, oh Padre, en mí, y yo en ti, que también ellos sean uno en nosotros; para que el mundo crea que tú me enviaste.

22 La gloria que me diste, yo les he dado, para que sean uno, así como nosotros somos uno.

23 Yo en ellos, y tú en mí, para que sean perfectos en unidad, para que el mundo conozca que tú me enviaste, y que los has amado a ellos como también a mí me has amado.

24 Padre, aquellos que me has dado, quiero que donde yo estoy, también ellos estén conmigo, para que vean mi gloria que me has dado; porque me has amado desde antes de la fundación del mundo.

25 Padre justo, el mundo no te ha conocido, pero yo te he conocido, y éstos han conocido que tú me enviaste.

26 Y les he dado a conocer tu nombre, y lo daré a conocer aún, para que el amor con que me has amado, esté en ellos, y yo en ellos.

❦ Capítulo 18 ⎯⎯⎯⎯⎯⎯⎯⎯⎯⎯⎯⎯⎯⎯⎯

1 Habiendo dicho Jesús estas cosas, salió con sus discípulos al otro lado del torrente de Cedrón, donde había un huerto, en el cual entró con sus discípulos.

2 Y también Judas, el que le entregaba, conocía aquel lugar, porque muchas veces Jesús se había reunido allí con sus discípulos.

3 Judas, pues, tomando una compañía de soldados, y alguaciles de los principales sacerdotes y de los fariseos, fue allí con linternas y antorchas, y con armas.

4 Pero Jesús, sabiendo todas las cosas que le habían de sobrevenir, se adelantó y les dijo: ¿A quién buscáis?

5 Le respondieron: A Jesús nazareno. Jesús les dijo: Yo soy. Y estaba también con ellos Judas, el que le entregaba.

6 Cuando les dijo: Yo soy, retrocedieron, y cayeron a tierra.

7 Volvió, pues, a preguntarles: ¿A quién buscáis? Y ellos dijeron: A Jesús nazareno.

8 Respondió Jesús: Os he dicho que yo soy; pues si me buscáis a mí, dejad ir a éstos;

9 para que se cumpliese aquello que había dicho: De los que me diste, no perdí ninguno.

10 Entonces Simón Pedro, que tenía una espada, la desenvainó, e hirió al siervo del sumo sacerdote, y le cortó la oreja derecha. Y el siervo se llamaba Malco.

11 Jesús entonces dijo a Pedro: Mete tu espada en la vaina; la copa que el Padre me ha dado, ¿no la he de beber?

12 Entonces la compañía de soldados, el tribuno y los alguaciles de los judíos, prendieron a Jesús y le ataron,

13 y le llevaron primeramente a Anás; porque era suegro de Caifás, que era sumo sacerdote aquel año.

14 Era Caifás el que había dado el consejo a los judíos, de que convenía que un solo hombre muriese por el pueblo.

15 Y seguían a Jesús Simón Pedro y otro discípulo. Y este discípulo era conocido del sumo sacerdote, y entró con Jesús al patio del sumo sacerdote;

16 mas Pedro estaba fuera, a la puerta. Salió, pues, el discípulo que era conocido del sumo sacerdote, y habló a la portera, e hizo entrar a Pedro.

17 Entonces la criada portera dijo a Pedro: ¿No eres tú también de los discípulos de este hombre? Dijo él: No lo soy.

18 Y estaban en pie los siervos y los alguaciles que habían encendido un fuego; porque hacía frío, y se calentaban; y también con ellos estaba Pedro en pie, calentándose.

19 Y el sumo sacerdote preguntó a Jesús acerca de sus discípulos y de su doctrina.

20 Jesús le respondió: Yo públicamente he hablado al mundo; siempre he enseñado en la sinagoga y en el templo, donde se reúnen todos los judíos, y nada he hablado en oculto.

21 ¿Por qué me preguntas a mí? Pregunta a los que han oído, qué les haya yo hablado; he aquí, ellos saben lo que yo he dicho.

22 Cuando Jesús hubo dicho esto, uno de los alguaciles, que estaba allí, le dio una bofetada, diciendo: ¿Así respondes al sumo sacerdote?

23 Jesús le respondió: Si he hablado mal, testifica en qué está el mal; y si bien, ¿por qué me golpeas?

24 Anás entonces le envió atado a Caifás, el sumo sacerdote.

25 Estaba, pues, Pedro en pie, calentándose. Y le dijeron: ¿No eres tú de sus discípulos? Él negó, y dijo: No lo soy.

26 Uno de los siervos del sumo sacerdote, pariente de aquel a quien Pedro había cortado la oreja, le dijo: ¿No te vi yo en el huerto con él?

27 Negó Pedro otra vez; y en seguida cantó el gallo.

28 Llevaron a Jesús de casa de Caifás al pretorio. Era de mañana, y ellos no entraron en el pretorio para no contaminarse, y así poder comer la pascua.

29 Entonces salió Pilato a ellos, y les dijo: ¿Qué acusación traéis contra este hombre?

30 Respondieron y le dijeron: Si éste no fuera malhechor, no te lo habríamos entregado.

31 Entonces les dijo Pilato: Tomadle vosotros, y juzgadle según vuestra ley. Y los judíos le dijeron: A nosotros no nos está permitido dar muerte a nadie;

32 para que se cumpliese la palabra que Jesús había dicho, dando a entender de qué muerte iba a morir.

33 Entonces Pilato volvió a entrar en el pretorio, y llamó a Jesús y le dijo: ¿Eres tú el Rey de los judíos?

34 Jesús le respondió: ¿Dices tú esto por ti mismo, o te lo han dicho otros de mí?

35 Pilato le respondió: ¿Soy yo acaso judío? Tu nación, y los principales sacerdotes, te han entregado a mí. ¿Qué has hecho?

36 Respondió Jesús: Mi reino no es de este mundo; si mi reino fuera de este mundo, mis servidores pelearían para que yo no fuera entregado a los judíos; pero mi reino no es de aquí.

37 Le dijo entonces Pilato: ¿Luego, eres tú rey? Respondió Jesús: Tú dices que yo soy rey. Yo para esto he nacido, y para esto he venido al mundo, para dar testimonio a la verdad. Todo aquel que es de la verdad, oye mi voz.

38 Le dijo Pilato: ¿Qué es la verdad? Y cuando hubo dicho esto, salió otra vez a los judíos, y les dijo: Yo no hallo en él ningún delito.

39 Pero vosotros tenéis la costumbre de que os suelte uno en la pascua. ¿Queréis, pues, que os suelte al Rey de los judíos?

40 Entonces todos dieron voces de nuevo, diciendo: No a éste, sino a Barrabás. Y Barrabás era ladrón.

❦ *Capítulo 19* ─────────────────

1 Así que, entonces tomó Pilato a Jesús, y le azotó.

2 Y los soldados entretejieron una corona de espinas, y la pusieron sobre su cabeza, y le vistieron con un manto de púrpura;

3 y le decían: ¡Salve, Rey de los judíos! y le daban de bofetadas.

4 Entonces Pilato salió otra vez, y les dijo: Mirad, os lo traigo fuera, para que entendáis que ningún delito hallo en él.

5 Y salió Jesús, llevando la corona de espinas y el manto de púrpura. Y Pilato les dijo: ¡He aquí el hombre!

6 Cuando le vieron los principales sacerdotes y los alguaciles, dieron voces, diciendo: ¡Crucifícale! ¡Crucifícale! Pilato les dijo: Tomadle vosotros, y crucificadle; porque yo no hallo delito en él.

7 Los judíos le respondieron: Nosotros tenemos una ley, y según nuestra ley debe morir, porque se hizo a sí mismo Hijo de Dios.

8 Cuando Pilato oyó decir esto, tuvo más miedo.

9 Y entró otra vez en el pretorio, y dijo a Jesús: ¿De dónde eres tú? Mas Jesús no le dio respuesta.

10 Entonces le dijo Pilato: ¿A mí no me hablas? ¿No sabes que tengo autoridad para crucificarte, y que tengo autoridad para soltarte?

11 Respondió Jesús: Ninguna autoridad tendrías contra mí, si no te fuese dada de arriba; por tanto, el que a ti me ha entregado, mayor pecado tiene.

12 Desde entonces procuraba Pilato soltarle; pero los judíos daban voces, diciendo: Si a éste sueltas, no eres amigo de César; todo el que se hace rey, a César se opone.

13 Entonces Pilato, oyendo esto, llevó fuera a Jesús, y se sentó en el tribunal en el lugar llamado el Enlosado, y en hebreo Gabata.

14 Era la preparación de la pascua, y como la hora sexta. Entonces dijo a los judíos: ¡He aquí vuestro Rey!

15 Pero ellos gritaron: ¡Fuera, fuera, crucifícale! Pilato les dijo: ¿A

vuestro Rey he de crucificar? Respondieron los principales sacerdotes: No tenemos más rey que César.

16 Así que entonces lo entregó a ellos para que fuese crucificado. Tomaron, pues, a Jesús, y le llevaron.

17 Y él, cargando su cruz, salió al lugar llamado de la Calavera, y en hebreo, Gólgota;

18 y allí le crucificaron, y con él a otros dos, uno a cada lado, y Jesús en medio.

19 Escribió también Pilato un título, que puso sobre la cruz, el cual decía: JESÚS NAZARENO, REY DE LOS JUDÍOS.

20 Y muchos de los judíos leyeron este título; porque el lugar donde Jesús fue crucificado estaba cerca de la ciudad, y el título estaba escrito en hebreo, en griego y en latín.

21 Dijeron a Pilato los principales sacerdotes de los judíos: No escribas: Rey de los judíos; sino, que él dijo: Soy Rey de los judíos.

22 Respondió Pilato: Lo que he escrito, he escrito.

23 Cuando los soldados hubieron crucificado a Jesús, tomaron sus vestidos, e hicieron cuatro partes, una para cada soldado. Tomaron también su túnica, la cual era sin costura, de un solo tejido de arriba abajo.

24 Entonces dijeron entre sí: No la partamos, sino echemos suertes sobre ella, a ver de quién será. Esto fue para que se cumpliese la Escritura, que dice: Repartieron entre sí mis vestidos, Y sobre mi ropa echaron suertes. Y así lo hicieron los soldados.

25 Estaban junto a la cruz de Jesús su madre, y la hermana de su madre, María mujer de Cleofas, y María Magdalena.

26 Cuando vio Jesús a su madre, y al discípulo a quien él amaba, que estaba presente, dijo a su madre: Mujer, he ahí tu hijo.

27 Después dijo al discípulo: He ahí tu madre. Y desde aquella hora el discípulo la recibió en su casa.

28 Después de esto, sabiendo Jesús que ya todo estaba consumado, dijo, para que la Escritura se cumpliese: Tengo sed.

29 Y estaba allí una vasija llena de vinagre; entonces ellos empaparon en vinagre una esponja, y poniéndola en un hisopo, se la acercaron a la boca.

30 Cuando Jesús hubo tomado el vinagre, dijo: Consumado es. Y habiendo inclinado la cabeza, entregó el espíritu.

31 Entonces los judíos, por cuanto era la preparación de la pascua, a fin de que los cuerpos no quedasen en la cruz en el día de reposo (pues aquel día de reposo era de gran solemnidad), rogaron a Pilato que se les quebrasen las piernas, y fuesen quitados de allí.

32 Vinieron, pues, los soldados, y quebraron las piernas al primero, y asimismo al otro que había sido crucificado con él.

33 Mas cuando llegaron a Jesús, como le vieron ya muerto, no le quebraron las piernas.

34 Pero uno de los soldados le abrió el costado con una lanza, y al instante salió sangre y agua.

35 Y el que lo vio da testimonio, y su testimonio es verdadero; y él sabe que dice verdad, para que vosotros también creáis.

36 Porque estas cosas sucedieron para que se cumpliese la Escritura: No será quebrado hueso suyo.

37 Y también otra Escritura dice: Mirarán al que traspasaron.

38 Después de todo esto, José de Arimatea, que era discípulo de Jesús, pero secretamente por miedo de los judíos, rogó a Pilato que le permitiese llevarse el cuerpo de Jesús; y Pilato se lo concedió. Entonces vino, y se llevó el cuerpo de Jesús.

39 También Nicodemo, el que antes había visitado a Jesús de noche, vino trayendo un compuesto de mirra y de áloes, como cien libras.

40 Tomaron, pues, el cuerpo de Jesús, y lo envolvieron en lienzos con especias aromáticas, según es costumbre sepultar entre los judíos.

41 Y en el lugar donde había sido crucificado, había un huerto, y en el huerto un sepulcro nuevo, en el cual aún no había sido puesto ninguno.

42 Allí, pues, por causa de la preparación de la pascua de los judíos, y porque aquel sepulcro estaba cerca, pusieron a Jesús.

❦ Capítulo 20 ─────────────

1 El primer día de la semana, María Magdalena fue de mañana, siendo aún oscuro, al sepulcro; y vio quitada la piedra del sepulcro.

2 Entonces corrió, y fue a Simón Pedro y al otro discípulo, aquel al

que amaba Jesús, y les dijo: Se han llevado del sepulcro al Señor, y no sabemos dónde le han puesto.

3 Y salieron Pedro y el otro discípulo, y fueron al sepulcro.

4 Corrían los dos juntos; pero el otro discípulo corrió más aprisa que Pedro, y llegó primero al sepulcro.

5 Y bajándose a mirar, vio los lienzos puestos allí, pero no entró.

6 Luego llegó Simón Pedro tras él, y entró en el sepulcro, y vio los lienzos puestos allí,

7 y el sudario, que había estado sobre la cabeza de Jesús, no puesto con los lienzos, sino enrollado en un lugar aparte.

8 Entonces entró también el otro discípulo, que había venido primero al sepulcro; y vio, y creyó.

9 Porque aún no habían entendido la Escritura, que era necesario que él resucitase de los muertos.

10 Y volvieron los discípulos a los suyos.

11 Pero María estaba fuera llorando junto al sepulcro; y mientras lloraba, se inclinó para mirar dentro del sepulcro;

12 y vio a dos ángeles con vestiduras blancas, que estaban sentados el uno a la cabecera, y el otro a los pies, donde el cuerpo de Jesús había sido puesto.

13 Y le dijeron: Mujer, ¿por qué lloras? Les dijo: Porque se han llevado a mi Señor, y no sé dónde le han puesto.

14 Cuando había dicho esto, se volvió, y vio a Jesús que estaba allí; mas no sabía que era Jesús.

15 Jesús le dijo: Mujer, ¿por qué lloras? ¿A quién buscas? Ella, pensando que era el hortelano, le dijo: Señor, si tú lo has llevado, dime dónde lo has puesto, y yo lo llevaré.

16 Jesús le dijo: ¡María! Volviéndose ella, le dijo: ¡Raboni! (que quiere decir, Maestro).

17 Jesús le dijo: No me toques, porque aún no he subido a mi Padre; mas ve a mis hermanos, y diles: Subo a mi Padre y a vuestro Padre, a mi Dios y a vuestro Dios.

18 Fue entonces María Magdalena para dar a los discípulos las nuevas de que había visto al Señor, y que él le había dicho estas cosas.

19 Cuando llegó la noche de aquel mismo día, el primero de la semana,

estando las puertas cerradas en el lugar donde los discípulos estaban reunidos por miedo de los judíos, vino Jesús, y puesto en medio, les dijo: Paz a vosotros.

20 Y cuando les hubo dicho esto, les mostró las manos y el costado. Y los discípulos se regocijaron viendo al Señor.

21 Entonces Jesús les dijo otra vez: Paz a vosotros. Como me envió el Padre, así también yo os envío.

22 Y habiendo dicho esto, sopló, y les dijo: Recibid el Espíritu Santo.

23 A quienes remitiereis los pecados, les son remitidos; y a quienes se los retuviereis, les son retenidos.

24 Pero Tomás, uno de los doce, llamado Dídimo, no estaba con ellos cuando Jesús vino.

25 Le dijeron, pues, los otros discípulos: Al Señor hemos visto. Él les dijo: Si no viere en sus manos la señal de los clavos, y metiere mi dedo en el lugar de los clavos, y metiere mi mano en su costado, no creeré.

26 Ocho días después, estaban otra vez sus discípulos dentro, y con ellos Tomás. Llegó Jesús, estando las puertas cerradas, y se puso en medio y les dijo: Paz a vosotros.

27 Luego dijo a Tomás: Pon aquí tu dedo, y mira mis manos; y acerca tu mano, y métela en mi costado; y no seas incrédulo, sino creyente.

28 Entonces Tomás respondió y le dijo: ¡Señor mío, y Dios mío!

29 Jesús le dijo: Porque me has visto, Tomás, creíste; bienaventurados los que no vieron, y creyeron.

30 Hizo además Jesús muchas otras señales en presencia de sus discípulos, las cuales no están escritas en este libro.

31 Pero éstas se han escrito para que creáis que Jesús es el Cristo, el Hijo de Dios, y para que creyendo, tengáis vida en su nombre.

❧ Capítulo 21 ─────────────

1 Después de esto, Jesús se manifestó otra vez a sus discípulos junto al mar de Tiberias; y se manifestó de esta manera:

2 Estaban juntos Simón Pedro, Tomás llamado el Dídimo, Natanael el de Caná de Galilea, los hijos de Zebedeo, y otros dos de sus discípulos.

3 Simón Pedro les dijo: Voy a pescar. Ellos le dijeron: Vamos nosotros también contigo. Fueron, y entraron en una barca; y aquella noche no pescaron nada.

4 Cuando ya iba amaneciendo, se presentó Jesús en la playa; mas los discípulos no sabían que era Jesús.

5 Y les dijo: Hijitos, ¿tenéis algo de comer? Le respondieron: No.

6 Él les dijo: Echad la red a la derecha de la barca, y hallaréis. Entonces la echaron, y ya no la podían sacar, por la gran cantidad de peces.

7 Entonces aquel discípulo a quien Jesús amaba dijo a Pedro: ¡Es el Señor! Simón Pedro, cuando oyó que era el Señor, se ciñó la ropa (porque se había despojado de ella), y se echó al mar.

8 Y los otros discípulos vinieron con la barca, arrastrando la red de peces, pues no distaban de tierra sino como doscientos codos.

9 Al descender a tierra, vieron brasas puestas, y un pez encima de ellas, y pan.

10 Jesús les dijo: Traed de los peces que acabáis de pescar.

11 Subió Simón Pedro, y sacó la red a tierra, llena de grandes peces, ciento cincuenta y tres; y aun siendo tantos, la red no se rompió.

12 Les dijo Jesús: Venid, comed. Y ninguno de los discípulos se atrevía a preguntarle: ¿Tú, quién eres? sabiendo que era el Señor.

13 Vino, pues, Jesús, y tomó el pan y les dio, y asimismo del pescado.

14 Esta era ya la tercera vez que Jesús se manifestaba a sus discípulos, después de haber resucitado de los muertos.

15 Cuando hubieron comido, Jesús dijo a Simón Pedro: Simón, hijo de Jonás, ¿me amas más que éstos? Le respondió: Sí, Señor; tú sabes que te amo. Él le dijo: Apacienta mis corderos.

16 Volvió a decirle la segunda vez: Simón, hijo de Jonás, ¿me amas? Pedro le respondió: Sí, Señor; tú sabes que te amo. Le dijo: Pastorea mis ovejas.

17 Le dijo la tercera vez: Simón, hijo de Jonás, ¿me amas? Pedro se entristeció de que le dijese la tercera vez: ¿Me amas? y le respondió: Señor, tú lo sabes todo; tú sabes que te amo. Jesús le dijo: Apacienta mis ovejas.

18 De cierto, de cierto te digo: Cuando eras más joven, te ceñías, e

ibas a donde querías; mas cuando ya seas viejo, extenderás tus manos, y te ceñirá otro, y te llevará a donde no quieras.

19 Esto dijo, dando a entender con qué muerte había de glorificar a Dios. Y dicho esto, añadió: Sígueme.

20 Volviéndose Pedro, vio que les seguía el discípulo a quien amaba Jesús, el mismo que en la cena se había recostado al lado de él, y le había dicho: Señor, ¿quién es el que te ha de entregar?

21 Cuando Pedro le vio, dijo a Jesús: Señor, ¿y qué de éste?

22 Jesús le dijo: Si quiero que él quede hasta que yo venga, ¿qué a ti? Sígueme tú.

23 Este dicho se extendió entonces entre los hermanos, que aquel discípulo no moriría. Pero Jesús no le dijo que no moriría, sino: Si quiero que él quede hasta que yo venga, ¿qué a ti?

24 Este es el discípulo que da testimonio de estas cosas, y escribió estas cosas; y sabemos que su testimonio es verdadero.

25 Y hay también otras muchas cosas que hizo Jesús, las cuales si se escribieran una por una, pienso que ni aun en el mundo cabrían los libros que se habrían de escribir. Amén.

1206

PANORAMA DE JUAN

Tema de Juan:

División por secciones

Descripciones de Jesucristo	Señales milagrosas	Ministerio		Temas de los capítulos
		A Israel	1	
			2	
			3	
			4	
			5	
			6	
			7	
			8	
			9	
			10	
		A los discípulos	11	
			12	
			13	
			14	
			15	
			16	
			17	
		A toda la humanidad	18	
			19	
			20	
		A los discípulos	21	

Autor:

Fecha:

Propósito:

Palabras clave:

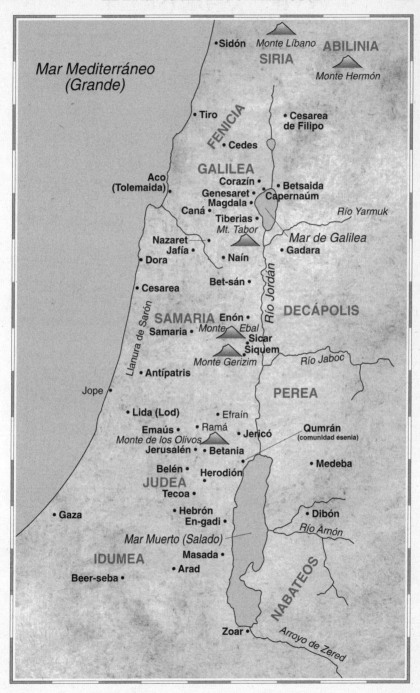

Mar Mediterráneo (Grande)

•Sidón Monte Líbano **ABILINIA**
SIRIA
Monte Hermón

•Tiro **FENICIA**
•Cesarea de Filipo
•Cedes
GALILEA
Aco (Tolemaida)• Corazín • •Betsaida
Genesaret • Capernaúm
Magdala •
Caná • Tiberias •
Nazaret• Mt. Tabor Mar de Galilea
Jafía • •Naín •Gadara
•Dora
Bet-sán •
•Cesarea Río Yarmuk
Río Jordán
Llanura de Sarón
SAMARIA Enón • **DECÁPOLIS**
Samaria • Monte Ebal
Sicar
Siquem
Monte Gerizim Río Jaboc
•Antípatris
PEREA
Jope •
•Lida (Lod) •Efraín
Emaús • •Ramá Qumrán
Monte de los Olivos •Jericó (comunidad esenia)
Jerusalén • •Betania
Belén • •Medeba
Herodión
JUDEA •
Tecoa •
•Gaza
•Hebrón
En-gadi • •Dibón
Mar Muerto (Salado) Río Arnón
IDUMEA Masada •
•Arad **NABATEOS**
Beer-seba •

Zoar • Arroyo de Zered

LAS FIESTAS DE ISRAEL

<table>
<tr>
<th></th>
<th colspan="3">Mes 1 (Nisán)
Fiesta de la Pascua</th>
<th></th>
<th>Mes 3 (Siván)
Fiesta de Pentecostés</th>
</tr>
<tr>
<th>Esclavos en Egipto</th>
<th>Pascua</th>
<th>Pan sin levadura</th>
<th>Las primicias</th>
<th></th>
<th>Pentecostés o fiesta de las semanas</th>
</tr>
<tr>
<td></td>
<td>Se mata el cordero y se pone su sangre en el dintel
Éxodo 12:6,7</td>
<td>Limpieza de todo lo leudado
(símbolo del pecado)</td>
<td>Ofrenda de la gavilla mecida
(promesa de la cosecha futura)</td>
<td></td>
<td>Ofrenda mecida de dos panes con levadura</td>
</tr>
<tr>
<td></td>
<td>Mes 1, día 14
Levítico 23:5</td>
<td>Mes 1, día 15, durante 7 días
Levítico 23:6-8</td>
<td>Día después del día de reposo
Levítico 23:9-14</td>
<td></td>
<td>50 días después de las primicias
Levítico 23:15-21</td>
</tr>
<tr>
<td>Todo el que comete pecado es esclavo del pecado</td>
<td>Cristo, nuestra pascua, fue sacrificado</td>
<td>Limpiaos... de la vieja levadura... sin levadura como sois</td>
<td>Cristo ha resucitado... las primicias</td>
<td>Se va para que venga el Consolador

Monte de los Olivos</td>
<td>Promesa del Espíritu, misterio de la iglesia; judíos y gentiles en un solo cuerpo</td>
</tr>
<tr>
<td>Juan 8:34</td>
<td>1 Corintios 5:7</td>
<td>1 Corintios 5:7, 8</td>
<td>1 Corintios 15:20-23</td>
<td>Juan 16:7
Hechos 1:9-12</td>
<td>Hechos 2:1-47
1 Corintios 12:13
Efesios 2:11-22</td>
</tr>
</table>

Meses: Nisán: marzo, abril • **Siván:** mayo, junio • **Tisri:** septiembre, octubre

	Mes 7 (Tisri) Fiesta de los Tabernáculos			
	Fiesta de las trompetas	**Día de la expiación**	**Fiesta de los Tabernáculos**	
Intervalo	*El toque de trompetas -- santa convocación*	*Se debe hacer expiación para ser limpios* Levítico 16:30	*La celebración de la cosecha conmemora los tabernáculos en el desierto*	
entre **las fiestas**	Mes 7, día 1 Levítico 23:23-25	Mes 7, día 10 Levítico 23:26-32	Mes 7, día 15, durante 7 días, día 8, santa convocación Levítico 23:33-44	
	Reunión de Israel en preparación para el último día de expiación Jeremías 32:37-41	**Israel se arrepentirá y mirará al Mesías en un solo día** Zacarías 12:10; 13:1; 14:9	**Las familias de la tierra irán a Jerusalén a celebrar la fiesta de los Tabernáculos** Zacarías 14:16-19	**Cielo nuevo y tierra nueva** **El tabernáculo de Dios con los hombres** Apocalipsis 21:1-3
		La venida de Cristo		
	Ezequiel 36:24	Ezequiel 36:25-27 Hebreos 9,10 Romanos 11:25-29	Ezequiel 36:28	

Israel tenía dos cosechas cada año -- primavera y otoño

GUÍA
PARA LÍDERES

ANTES QUE COMIENCEN A LIDERAR

Cómo prepararse para conducir una clase

Todas las semanas recibirá sugerencias respecto a cómo revisar el material que los integrantes de su clase han estudiado en forma individual durante esa semana. Por ejemplo, una vez terminada la lección de la primera semana, el grupo se reuniría a debatir el material. Por favor, tenga en cuenta que las preguntas propuestas para el líder son sólo sugerencias. Al prepararse para cada clase, deberá acercarse al Padre en oración y pedirle que lo ayude. Usted podrá confiar en que Él le indicará qué agregar o suprimir de las sugerencias. Incluso, puede que Dios le dé otras sugerencias mientras usted espera en Él para que lo guíe. Sólo Dios conoce la necesidad de cada miembro del grupo. Confíe en que Él le mostrará cómo tomar lo que se estudió y lo ayudará a analizarlo de tal modo que Él pueda aplicarlo de la manera más productiva posible. Confíe en Él.

Ha de recordar, también, que este libro será traducido a muchos idiomas y se lo empleará en grupos compuestos por personas que representen culturas diferentes. Necesitará buscar al Padre a la luz del nivel de instrucción y cultura del grupo con el que está utilizando los materiales.

Durante las primeras lecciones de este estudio, tal vez desee tomar las preguntas de la tarea una por una y ver las respuestas de los alumnos y si tienen o no preguntas que hacer. ¡Recuerde que debe alentarlos, alentarlos y alentarlos! Y si sus respuestas son incorrectas, muéstreles cómo encontrar las correctas.

Comience cada sesión con oración

Le recomiendo que comience cada sesión con oración y que le pida al Espíritu Santo que se reúna con ustedes y que emplee lo que se estudia para alentar, motivar y limpiar la vida de todos los que toman parte. Pídale, en presencia del grupo, que cree una atmósfera de aceptación amorosa, en la que cada persona se sienta libre de dar a conocer a los demás lo que ha aprendido.

Prepare un ambiente apropiado para todos

Mientras usted dirige y las personas participan, asegúrese de no avergonzar a nadie que no le dé lo que usted considera que es "la respuesta correcta". Genere una atmósfera de tranquilidad. Dígales que todos ustedes están aprendiendo y que a veces nuestro aprendizaje es mejor si respondemos en forma incorrecta. Así, ¡aprendemos la respuesta correcta y no la olvidaremos más!

Si es demasiado duro con los miembros del grupo, desalentará el intercambio de ideas. Pero si los incentiva y crea una atmósfera distendida en la que las personas saben que usted las acepta tal como son, estarán ansiosos por debatir lo que están viendo y aprendiendo. Creará un clima de entusiasmo.

Además, debe saber que algunas personas de la clase pueden llegar a tener preguntas sobre temas que usted no tenía la intención de cubrir. Si no tiene tiempo de tratar esas preguntas o si considera que la persona que realiza la pregunta no comprende lo suficiente acerca de la Palabra de Dios como para que usted le pueda dar una respuesta, tome nota de sus preguntas. Dígales que usted prefiere esperar a responderlas cuando el grupo vea qué dice la Palabra de Dios mientras prosiguen con su estudio.

Herramientas útiles para la reunión

Sería de gran utilidad contar con una pizarra blanca sobre la que se pueda escribir con marcadores de fibra, un retroproyector, o aunque sea un panel para colocar láminas si no dispone de otros elementos para poder registrar algunas de las observaciones sobre las que dialoga. El hecho de tener un registro de lo que se comparte frente a la clase es de gran utilidad. Así, los integrantes del grupo pueden *ver* además de oír lo que se está aprendiendo. El ver la lista de observaciones en un panel o una pizarra, ayudará a consolidar la verdad de Dios en la mente y el corazón de cada uno en el grupo.

Para su primera reunión

Por lo general, el tiempo de debate con los alumnos se realizará al cabo de una semana de estudio en la que han visto la verdad de Dios por sí solos. No obstante, durante su *primera* reunión debe comenzar a presentar el material introductorio. Le recomiendo que lea: "Tratamiento del material que precede a la primera semana" y que tenga conciencia de que está adentrándose en una maravillosa aventura, ¡puesto que verá trabajar a Dios de manera prodigiosa!

Usted es objeto de oración y de reconocimiento

Sepa que he orado por usted ¡y que puede confiar en que nuestro Dios trabajará con usted y a través suyo para que usted esté disponible para Él!

TRATAMIENTO DEL MATERIAL QUE PRECEDE A LA PRIMERA SEMANA

Puesto que la clase todavía no ha comenzado sus estudios semanales, necesitará dedicar esta primera reunión a revisar el material con el grupo.

Comience contándole a la clase que el estudio será un proceso en el que la verdad se construye sobre la verdad. Dígales que mientras estudian la Palabra de Dios con diligencia, descubrirán que Dios desea enseñarles en forma individual y que además se enriquecerán al escuchar a los demás compartir lo que Dios les ha mostrado.

Luego, comience con una oración y pídale al Espíritu Santo que se reúna con ustedes como grupo, todas las semanas, mientras le dedican tiempo a su Palabra. Ore porque cada una de las personas vea cómo se aplica la Palabra de Dios a su situación personal.

Haga que el grupo lea la sección previa a la primera semana. Si dentro del grupo hay personas que leen o aprenden lentamente, aliéntelos a continuar estudiando, aunque les cueste más. Dígales que cuando terminen este curso, habrán desarrollado capacidades de aprendizaje que les serán de ayuda en otros tipos de estudios.

Sugiérale a los miembros de la clase que, al leer, subrayen o resalten puntos importantes. El hecho de subrayar facilita volver y revisar factores clave y verdades aprendidas. Por ejemplo, bajo el encabezamiento: ¿QUÉ ES LA BIBLIA? pudieran resaltar o subrayar "La Biblia . . . es un libro compuesto por sesenta y seis libros diferentes" y "la primera parte es el Antiguo Testamento, y la segunda, el Nuevo Testamento". Incentive a sus alumnos a subrayar los puntos más importantes.

Luego de que la clase termine de leer, hablen sobre lo que han aprendido acerca de la Biblia y por qué es importante estudiarla. Durante esta charla, asegúrese de acentuar la importancia de conocer acerca del Dios de la Biblia y del contenido de la Biblia. ¡Ponga todo de su parte para incentivar a sus alumnos! Dígales lo que Dios puede hacer y hará por ellos si perseveran y finalizan el estudio. Recuerde que las palabras de Dios son espíritu y son vida. Explíqueles que al estudiar la Biblia, están estudiando un libro diferente a cualquier otro que exista en el mundo. Que se trata de un libro que cambia la vida de las personas al igual que el curso de la historia.

Luego, hable sobre el propósito del Evangelio de Juan. Haga que alguien lea Juan 20:30-31 y, si cuenta con una pizarra, escriba el pasaje para que todos puedan verlo. Luego, bajo Juan 20:30-31, haga una lista de los puntos principales de estos versículos.

Haga las preguntas que aparecen a continuación y anote las respuestas en la pizarra. (En esta oportunidad le daré las respuestas a las preguntas, para asegurarnos de que nos encaminamos juntos en el rumbo correcto. Pero no le daré las respuestas correspondientes al resto de esta sección). Dígales a sus alumnos que recurran al texto bíblico para encontrar las respuestas. Esto les mostrará que la Biblia nos da las respuestas que necesitamos y que no tenemos que elaborar respuestas propias. La Biblia nos dice todo lo que necesitamos saber. Simplemente, debemos observar cuidadosamente lo que dice.

  1. ¿Por qué se escribió el Evangelio de Juan?

    a. para que pueda creer que Jesús es el Cristo, el Hijo de Dios

Coméntele a su grupo que la palabra *Cristo* es otra forma de decir "Mesías". El Mesías era el que Dios prometió enviar a su pueblo para salvarlo de sus pecados y para que, finalmente, sea el Rey de toda la tierra. Sería el Hijo unigénito de Dios, igual al Padre. Por lo tanto, el hecho de decir que Jesús es el Hijo de Dios es equivalente a decir que Jesús *es* Dios. Sus alumnos deberán prestar atención a todo versículo que muestre que Jesús es Dios y que Jesús es igual a Dios el Padre en su carácter y poder.

b. *para que creyendo, tengáis vida en su nombre (el de Jesús)*

Los que confiesan que el Señor Jesucristo es su Salvador y Señor tienen vida en el nombre de Jesús. En otras palabras, cuando de veras creen en Jesús, Él les da su vida. A medida que su grupo continúa con el estudio, dígales que presten especial atención a lo que dice el Evangelio de Juan acerca de los que de veras creen.

Le sugiero que mencione que en la época bíblica, los nombres eran muy importantes. Por lo general describían a la persona: a qué se dedicaba o qué era llamado a hacer. Hablar o actuar en nombre de otra persona equivaldría a hablar y actuar de acuerdo al significado del nombre de esa persona o a la autoridad que ostentaba. Por ejemplo, cuando un oficial de policía golpea la puerta de alguien y dice: "Abra en nombre de la ley". El oficial de policía se encuentra allí como representante de la ley.

2. ¿Qué registro hay en el Evangelio de Juan para que las personas creyeran que Jesús era el Hijo de Dios, el Cristo?

a. las señales que realizó Jesús en presencia de sus discípulos

3. ¿Por qué nos dijo Juan que las señales de Jesús tuvieron lugar en presencia de sus discípulos? ¿Tiene algún significado el hecho de que vieran esas señales? ¿Qué diferencia haría? (Mientras su grupo piensa esta pregunta, intente aplicarla a sus integrantes. Por ejemplo, si está hablando con personas que han formado parte de los tribunales de justicia, pregúnteles cuán importantes son los testigos oculares y por qué.)

4. Ahora que sabe cuál fue el propósito de Juan para escribir, ¿a qué debería prestar atención al leer y estudiar el Evangelio de Juan?

a. *a las cosas que demuestran que Jesús es el Cristo, el Hijo de Dios*

b. *a las varias señales que dio Jesús, dónde las dio, cuáles fueron, qué ocurrió y quiénes las vieron*

c. *a cómo reaccionaron a estas señales las personas que las vieron y por qué*

5. Al finalizar la clase, es posible que desee darles a sus alumnos las tareas relacionadas con la primera semana. Si les brinda su ayuda les facilitará enormemente la tarea y les servirá de incentivo.

Si hace que la clase comience con las tareas, revise junto con ellos los dos primeros días. Pídales que trabajen con el material del primer día y conversen acerca de lo que vieron. Luego pase al segundo día. Luego de que lean y marquen toda referencia al *Verbo*, así como los pronombres y los sinónimos, lea en voz alta Juan 1:1-8. Dígales que digan en voz alta la palabra "Verbo" cada vez que observen una referencia a esa palabra que hayan marcado (o coloreado). De esta forma podrán ver qué debían haber marcado.

6. Cuando termine, sugiérale al grupo que le hablen a Dios en oración. Dígales que le expresen a Dios lo que está dentro del corazón de ellos, lo que necesitan, lo que quieren aprender y por qué. Intente una oración conversacional en la que todos los integrantes del grupo se sientan libres de estar en silencio o de orar.

Dígale a su clase que los conducirá en el estudio hasta la séptima semana, y que si alguno de ellos quiere completar las seis semanas restantes, usted continuará. Pídale a cada uno que se comprometa a estudiar durante por lo menos siete semanas y que se hagan unos a otros responsables de este compromiso.

Incentive a su clase a que finalice la lección de la siguiente semana, la primera semana. Dígales que hagan lo más que puedan y que no se preocupen si no comprenden todo o no pueden realizar todo lo que se les pide. Hágales saber que no deben sentir temor ante las respuestas incorrectas porque todos están aprendiendo en conjunto. Cuénteles que se encontrarán con obstáculos, pero aliéntelos a seguir pase lo que pase, ¡ya que la recompensa que recibirán es de inestimable valor!

Ore por su clase. La oración y la Palabra son los dos factores que hacen una gran diferencia en la vida de las personas. ¡Como líder, usted tiene la oportunidad de depositar ambas en sus vidas!

Primera semana

1. Comience con oración, pidiéndole a Dios que esté junto a cada miembro de la clase y que lo ayude a comprender lo que dice su Palabra.

2. Lea en voz alta el capítulo 1 de Juan. Dígale a la clase que, mientras usted lee, quiere que digan en voz alta "Jesús" cada vez que aparezca una palabra que hayan marcado y que se refiera al *Verbo* (a Jesucristo) y que digan "Juan" cada vez que usted mencione una referencia a Juan el Bautista. Este proceso les ayudará a los alumnos a estar seguros de haber marcado las palabras correctas, los pronombres y los sinónimos.

3. Pídale a la clase que le diga todo lo que han aprendido acerca de Jesús en Juan 1. Pregúnteles de qué versículo o versículos obtuvieron la información. Anote en la pizarra cada una de las observaciones que se mencionen.

4. Al terminar, copie Juan 20:30-31 en la pizarra. Pregúnteles a los alumnos qué vieron en Juan que haya sido escrito con el objeto de ayudarlo a cumplir su propósito de escribir su Evangelio. Haga una lista en la pizarra que contenga lo que contestan los alumnos en la clase y coloque una marca en cada aspecto mencionado que demuestre que Jesús es el Cristo o el Hijo de Dios.

5. Pregúnteles a sus alumnos si hay señales registradas en Juan 1. (Aunque la respuesta es negativa, demuéstreles que, de todos modos, Juan les hace saber a sus lectores que Jesús es el Cristo, el Hijo de Dios y que Él está comenzando a cumplir su propósito).

6. Pregúntele al grupo qué aprendieron acerca de Juan el Bautista. Hable acerca de su relación con Jesucristo. Luego, pregúnteles qué aprendieron acerca de Juan que puedan aplicar a sus propias vidas.

Hable sobre la actitud de Juan hacia Jesús y acerca de lo que él les dice a otros acerca de Jesús. Sugiérales que oren y le pidan a Dios que les dé la oportunidad de hablarles a otros acerca de las verdades que están aprendiendo sobre Jesús. Dígales que Dios les mostrará con quién hablar, poniendo ese pensamiento en sus mentes y haciendo que deseen decírselo esa persona.

No obstante, si los miembros del grupo viven dentro de un ámbito en el que los cristianos no son aceptados, antes de que hablen sobre Jesús, debieran mostrarles a los demás cómo influye Jesús positivamente en sus vidas. Luego, deben orar que las personas les pregunten por qué son diferentes. Dígales a sus alumnos que oren mucho antes de hablar y que siempre le cuenten a otros lo que dice la Palabra de Dios. Al citar o leerles la Biblia a otras personas, deben tener presente que la Palabra de Dios está llena de vida. Se trata de un libro sobrenatural y Dios lo empleará de una manera sobrenatural.

7. Tal vez desee hacer las preguntas que se formularon en la lección y ver cuáles fueron las respuestas de los alumnos. Asegúrese de conversar acerca de qué aprendieron sobre el pecado.

Segunda semana

Esta semana su clase estará dedicada a Juan 2 y 3. Ya que Juan 3 es un capítulo maravilloso, no se detenga demasiado en Juan 2. Al dirigir el debate, pídale a Dios que hable con todo su poder a los alumnos para que puedan comprender: 1) qué significa creer en Jesucristo y 2) qué sucede si no creen.

Al orar, pídale a Dios que haga que sus alumnos vuelvan a nacer a través de este estudio. No intente obligarlos a creer; deje que Dios y su Espíritu hagan su obra por medio de su Palabra. Si sus alumnos ya son salvos, ore para que se conviertan en hombres y mujeres de Dios que lo amarán y proclamarán su Palabra.

1. Hable sobre la primera señal que hizo Jesús. Dígale a la clase que les hará las seis preguntas fundamentales en relación a esta señal. Pídale al grupo que indiquen qué versículo de Juan 2 contiene la respuesta. También puede preguntarles lo siguiente:

a. ¿**Cuál** fue la primera señal hecha por Jesús?

b. ¿**Dónde** tuvo lugar esa señal?

c. ¿**Quién** vio la señal?

d. ¿**Por qué** hizo esa señal?

e. ¿**Qué** sucedió como resultado de esa señal?

2. Pregúntele al grupo en qué otro lugar de Juan 2 se menciona la palabra *señal* o *señales*. Pregúnteles qué aprendieron por haber marcado la palabra en dicho versículo. Nuevamente, haga las seis preguntas fundamentales. Recuerde que no siempre se encontrará la respuesta a todas las preguntas que haga, sino que sólo descubrirá lo que el texto le dice.

No pase por alto la "señal" de la resurrección de Jesucristo de los muertos, que se menciona en Juan 2:18-22. Además, advierta lo que recuerdan los discípulos luego de la resurrección de Jesús (Jesús resucitando de entre los muertos). Estudiaremos con mayor detalle la resurrección de Jesús en Juan 20.

3. Pregunte dónde se emplea la palabra *creer*, sus derivados y sus sinónimos en Juan 2. Cuando los miembros de la clase le respondan, pregúnteles qué aprendieron por haber marcado esa palabra. Pregunte **quiénes** creyeron, **por qué** creyeron y en **qué** creyeron.

4. Ahora diríjase al capítulo 3 de Juan y consideren juntos qué le sucedió a Nicodemo cuando habló con Jesús. Nuevamente, haga las seis preguntas fundamentales. ¿**Quién** era Nicodemo? ¿**Cuándo** vino Nicodemo a Jesús? ¿**Por qué** fue a ver a Jesús? ¿**Cómo** se dirigió Nicodemo a Jesús (cómo lo llamó)? ¿**Qué** significa *nacido de nuevo*? ¿**Cómo** sucede? ¿Puede ver cómo sucede o sólo los resultados? ¿**Cómo** es? (Hable del hecho de que uno no puede ver el viento, sino sus efectos).

5. Pídale a la clase que le cuenten qué aprendieron por haber marcado la palabra *creer* en Juan 3. Anote sus comentarios en la pizarra. Le sugiero que haga dos columnas: **Los que creen** y **Los que no creen**.

6. Pregúntele a la clase qué aprendieron sobre Dios en este capítulo y anote sus respuestas en la pizarra. Luego, pregúnteles cómo se compara esto con lo que pensaban anteriormente de Dios. Si hay algún estudiante que cree en otros dioses o profetas, escriba en la pizarra qué piensa acerca de su dios o profeta. Luego, podrá comparar a Dios Todopoderoso con su dios.

7. Trate los temas de Juan 1, 2 y 3. Haga que la clase comparta los temas que anotaron individualmente respecto de cada uno de estos capítulos. Hágales ver que después que descubran cuál es el punto central, el tópico o los acontecimientos de cada capítulo, el tema puede expresarse de formas diferentes. Si bien cada persona manifestará el tema en su propia forma, es importante que todos vean qué predomina más en el capítulo. Por ejemplo:

a. Juan 1 habla acerca del Verbo que se convirtió en carne (Juan 1:14) y del testimonio de Juan el Bautista sobre Jesús.

b. Juan 2 trata de la primera señal, la conversión de agua en vino. Ese es el punto central. Pero los alumnos también pueden mencionar la señal del templo que se refería a la resurrección del cuerpo de Jesús (que ocurriría posteriormente).

c. Juan 3 trata acerca del hecho de nacer de nuevo. También habla del testimonio de Juan el Bautista.

8. Dé por terminada la sesión con una oración e incentive a la clase a trabajar durante la tercera semana preparándose para su siguiente reunión.

Tercera semana

1. Inicie la clase escribiendo en la pizarra, en tres columnas los títulos: **La adoración de los samaritanos, La adoración de los judíos, La verdadera adoración.** Empleando las seis preguntas fundamentales, pregúntele a la clase qué aprendieron acerca de la adoración de los samaritanos. Por ejemplo: ¿**Dónde** adoran los samaritanos? ¿**Qué** adoran? ¿**Cómo**? y preguntas semejantes. Luego pase a la segunda columna (**La adoración de los judíos**) y repita el mismo procedimiento. Asegúrese de considerar qué enseña Juan 4 acerca de la verdadera adoración del Padre. Anote en la pizarra las ideas del grupo debajo del título correspondiente.

2. Si bien la mujer samaritana adoraba en forma diferente a cómo

lo hacía Jesús, vivía una vida inmoral y era de una clase o raza diferente a la de Él, ¿cuál fue la actitud de Jesús hacia ella?

Hable de cómo trató Jesús a la mujer. Señale que Él no ignoraba su estilo de vida pecaminoso, sino que, por el contrario, lo puso en evidencia. Advierta que Él no la despreció. Simplemente le hizo ver su pecado para que ella pudiera desear el agua de vida que Él le estaba ofreciendo.

Luego, hable acerca de la actitud de Jesús hacia la mujer y compárela con la actitud evidente de los discípulos. ¿Muestra esto la diferencia que debiera hacer el cristianismo en cuanto a cómo tratar a una mujer? Pregúntele a su clase qué aprendieron acerca de las mujeres a partir de la forma en que Jesús trató a la samaritana. (Recuerde que Jesús *debía* pasar por Samaria. Pregúnteles a sus alumnos por qué. Asegúrese de que vean que se trataba de una mujer que necesitaba a Jesús, una mujer que les contaría a los demás acerca de Él cuando descubrió quién era. ¡Ojalá que las mujeres que integran su clase hagan lo mismo!)

Nota especial: Según sea la cultura en la que está presentando este material, tal vez desee señalar que en muchos lugares a las mujeres no se las trata con la estimación correspondiente. En ocasiones, se asesina a bebés por el sólo hecho de que son del sexo femenino. Pero según el Salmo 139:13: "Porque tú [Dios] formaste mis entrañas; tú me hiciste en el vientre de mi madre. Te alabaré, porque formidables, maravillosas son tus obras. Estoy maravillado, y mi alma lo sabe muy bien." Por lo tanto, cuando alguien asesina a un bebé, está matando algo creado por Dios. Dios deberá juzgar a esa persona, puesto que cometió un asesinato. La Biblia dice: "El que derramare sangre de hombre, por el hombre su sangre será derramada; porque a imagen de Dios es hecho el hombre" (Génesis 9:6).

En muchas culturas, los hombres tienen permiso de golpear a sus esposas, despreciarlas y divorciarse de ellas en cualquier momento y por cualquier motivo. Le sugiero que lea Efesios 5:18-33 y que advierta cómo tratan a sus esposas los hombres que tienen la plenitud del Espíritu de Dios y cómo ellas responden a sus cónyuges.

3. Traten en clase lo que aprendieron por haber marcado la palabra *creer*. Pregúntele al grupo de qué manera el hecho de creer en

lo que han estudiado las últimas tres semanas afectará su relación con Dios, con Jesús y con los demás.

4. Hable acerca de la segunda señal que dio Jesús, haciendo uso de las seis preguntas fundamentales. Asegúrese de señalar qué demuestra esta señal acerca de Jesús. Dígale a los alumnos que se remitan al PANORAMA DE JUAN. Bajo la columna titulada "Señales", anote las dos primeras señales del libro de Juan al lado del capítulo donde se mencionan. Luego dígale a la clase que le hagan recordar cada vez que deban anotar otra señal en esta columna.

5. Pídale a la clase que digan a los demás qué aprendieron en el capítulo 5 acerca del Hijo y del Padre. Anote en la pizarra las opiniones del grupo sobre **Dios el Padre** en una columna y **Dios el Hijo** en otra. Luego hable sobre cómo la vida y la conducta de Jesús mostraron cómo es el Padre. Deténgase y piense en la forma en que vivió Jesús y se relacionó con las personas en los primeros tres capítulos de Juan.

6. Por último, pregúnteles a sus alumnos de qué forma su adoración se compara con una verdadera adoración a Dios. Pregunte cómo debieran relacionarse con el Padre y el Hijo a la luz de lo que han aprendido al ver la relación de Jesús con el Padre.

7. Trate los temas de Juan 4 y 5. Haga que los miembros de la clase digan los temas que anotaron en su PANORAMA DE JUAN.

8. Si queda tiempo, déle a la clase la oportunidad de dar a conocer lo que está sucediendo en sus vidas como resultado de este estudio. Si alguien está pasando por un mal momento, pídales a todos que oren por esa persona. Recuerde que los miembros de la clase deben mostrar una preocupación genuina por los demás integrantes del grupo. Usted, como líder, puede servir de ejemplo por medio de su amor, preocupación y oraciones.

Cuarta semana

1. Haga una lista en la pizarra que contenga las señales mencionadas o realizadas en Juan 6. Asegúrese de registrar las señales no

mencionadas específicamente, pero a las que se hace referencia en Juan 6:2. Anote la señal de la multiplicación de los panes y de los peces y utilice las seis preguntas fundamentales para considerar esta señal. Asegúrese de hablar acerca de cómo respondieron las personas a esta señal y por qué las multitudes comenzaron a seguir a Jesús. Además, no pase por alto la señal de Jesús caminando sobre las aguas. ¿Quiénes lo vieron? ¿Qué mostró con ello?

2. Haga una lista con todo lo que aprendió la clase sobre Juan 6 respecto del verdadero pan que desciende del cielo.

   a. Lea Éxodo 16:1-31 y explique qué era el maná. ¿Qué comían los israelitas a diario? ¿Qué debían hacer con ello? Utilice este pasaje bíblico para dar inicio a un debate sobre Jesús, el pan de vida.

   b. Si tiene tiempo y se siente conducido por el Espíritu de Dios, tal vez quiera compartir con el grupo Deuteronomio 8:3 con el objeto de que puedan ver la importancia de leer y estudiar la Palabra de Dios todos los días, para que les ayude a saber cómo deben vivir.

   c. Hable acerca de qué es lo que quieren decir las Escrituras cuando nos dicen que debemos "comer su carne y beber su sangre". (Ayude a los alumnos a ver que esta frase no es más que otra forma de decir que deben creer en Jesús, recibirlo como su Señor y Salvador, hacer que forme parte de sus vidas, invitarlo a vivir dentro de ellos e identificarse con Jesús).

   d. Quizás quiera leer Mateo 26:26-29 y 1 Corintios 11:23-26 y explicar que la Cena del Señor (1 Corintios 11:20) es una actividad que realiza la iglesia regularmente como recordatorio de que Jesús murió por nuestros pecados y que nosotros, al creer en Él, lo recibimos como nuestro Señor y Salvador y celebramos un pacto con Él.

Un pacto es un contrato solemne, obligatorio. Juan 1:17 nos dice que la ley (es decir, el Antiguo Pacto o Antiguo Testamento) provino de Moisés, y que la gracia y la verdad se concretaron a través de Jesucristo. Cuando vino Jesucristo, Él hizo un nuevo pacto, un pacto de gracia.

La gracia es un favor no ganado. Aunque seamos pecadores, Dios nos amó y nos dio su favor ofreciéndonos el don de la vida eterna, un don que podemos recibir creyendo en Jesucristo, quien murió y pagó por todos nuestros pecados. Este es el pacto en su sangre, al que se hace mención en Mateo 26:26-29 y en 1 Corintios 11. El Nuevo Testamento es el Nuevo Pacto, el pacto de la gracia. El Antiguo Testamento es el Antiguo Pacto, la ley.

3. Si tiene tiempo, revise las listas que prepararon los alumnos sobre la vida eterna en Juan 6 y de qué manera se relacionan con Juan 20:30-31. Luego, intercambien ideas acerca de qué enseña el capítulo sobre la resurrección de los muertos.

4. Hable de la forma en que diversas personas respondieron a la enseñanza de Jesús y sobre lo que dice este capítulo acerca de Judas. Señale que no todos creerán en lo que dice la Palabra de Dios ni recibirán a Jesucristo como el Señor y el Salvador. Intercambien ideas sobre qué enseña este capítulo acerca de los que no creen y compárenlo con lo que les sucede a lo que sí creen.

5. Advierta qué fiesta era la más próxima. Si tiene tiempo, explique qué es la Pascua judía leyendo Éxodo 12:1-13:6. Dígale a la clase que observe el cuadro LAS FIESTAS DE ISRAEL y explíqueles que los judíos acudían a Jerusalén todos los años para celebrar esta fiesta.

6. Trate el tema de Juan 6.

7. Dé por terminada la sesión con la participación de los alumnos y oración. Pídale a Dios que le enseñe cómo crear una atmósfera en la que las personas se sientan libres de expresar sus pensamientos o sentimientos acerca de lo que están estudiando. No discuta con ellos:

simplemente señale qué dice la Palabra de Dios y deje que Dios haga el resto. Usted no puede salvar ni cambiar a estas personas, solamente Dios puede hacerlo. ¡Ore, ore y ore! Muchas veces, cuando las personas comienzan a explicar qué piensan, ven por ellos mismos si su razonamiento es correcto o incorrecto.

Quinta semana

1. Trate el contenido de Juan 7. Hágalo párrafo por párrafo, haciendo las seis preguntas fundamentales. Dígale a la clase que señale quiénes son las personas y cómo responden. Cuando los alumnos mencionen la Fiesta de los Tabernáculos, pídales que la busquen en el cuadro LAS FIESTAS DE ISRAEL, tomando en cuenta la época del año en que se festeja.

2. Pídale a la clase que observe las hojas de trabajo y que comenten qué aprendieron al marcar *el Cristo*. Haga una lista en la pizarra con sus respuestas. Recuérdeles que el propósito de Juan era demostrarles que Jesús es **el Cristo**, el Hijo de Dios.

3. Intercambien opiniones acerca de la mención al Espíritu en Juan 7:37-39. Adviertan a **quién** se le dio el Espíritu, **cuándo** sería dado y **cómo** se lo describe.

Los verbos griegos que significan *venir* y *beber* en Juan 7:37 están en tiempo presente. En griego, el tiempo presente quiere decir una acción continua o habitual. Señale que esto demuestra nuestra continua dependencia de Jesucristo. Recuerde a sus alumnos que así vimos vivir a Jesús en relación al Padre en Juan 5:19,30.

4. Pídale al grupo que comparta con el resto qué aprendieron acerca del pecado por haber marcado la palabra en Juan 8. Anótelo en la pizarra.

a. Pídale a la clase que mencionen algunos pecados que esclavizan a la gente. Dígales que cuando una persona comete por primera vez un pecado determinado, se está preparando para volver a cometerlo, una y otra vez, hasta convertirse en su esclavo. A continuación algunos ejemplos de lo que acabo de explicar:

1) *Puede que una persona comience a leer revistas que atraigan sus deseos sexuales. Si esto no se detiene, la persona deseará probar lo que está viendo, hasta que finalmente se siente esclavizado por los pensamientos, los deseos y luego, las acciones.*

2) *Es posible que alguien diga una mentira o cometa un engaño sólo una vez. Si no es descubierto, tal vez continúe haciéndolo y finalmente, la mentira o el engaño se convertirán en un hábito.*

3) *Alguien puede probar una droga que supuestamente lo ayudará a dormir o a soportar un dolor físico. Lo ayuda, por lo tanto la vuelve a ingerir. Pero, luego termina queriendo más y más y se convierte en un adicto.*

b) Durante este intercambio de ideas, remítase a lo que dice Dios acerca de los pecados sexuales. Haga que alguien lea Levítico 20:10-16 y luego hable acerca de los diversos tipos de pecados sexuales que allí se mencionan. Esto es importante, puesto que esos pecados se observan en todas las culturas.

Asegúrese de que sus alumnos sepan que si alguien comete un pecado sexual en contra de ellos, Dios juzgará a esa persona. (Pídale a Dios que le dé la sensibilidad de poder detectar las necesidades de la clase, porque aproximadamente una de cada tres o cuatro mujeres son víctimas de maltrato sexual, al igual que muchos hombres). Recuérdele al grupo que Dios sabe lo que ocurrió y que Él quiere ayudarlos a que las heridas de sus pecados sean sanadas. Él también desea perdonar a los que abusaron de ellos, para que puedan avanzar hacia el alto llamado de Dios para sus vidas. Lea Romanos 8:28-30 y Filipenses 3:7-14 y ore por ellos.

c) No olvide mencionar que Jesús es el único que nos puede liberar de la esclavitud del pecado. Él nos dice la verdad. Nosotros la creemos, lo recibimos y Él nos libera de nuestra esclavitud.

5. Hable del contraste entre Jesús y los judíos en Juan 8:21-23 y del contraste entre Jesús y el diablo, descrito en Juan 8:44. Haga una lista en la pizarra con esta información.

6. Asegúrese de que el grupo entienda la importancia de la frase de Jesús: "Porque si no creéis que yo soy, en vuestros pecados moriréis" (Juan 8:24).

Todo verdadero creyente estará de acuerdo con el hecho de que Jesús es Dios en la carne, uno con el Padre e igual a Él. Jesús es Dios. Él es la deidad. (Mencione que la palabra *deidad* significa que Jesús es Dios, uno con el Padre, igual al Padre). Sin embargo, las sectas niegan la absoluta deidad de Jesucristo. En cambio, dicen que Él es *un* dios o que nosotros somos dioses.

Compare lo que la clase aprendió acerca de la deidad de Cristo en Juan 8 con el propósito que tuvo Juan al escribir su Evangelio, tal como lo encontramos declarado en Juan 20:30-31. Asimismo, haga que la clase repase lo que han aprendido acerca de Jesús en Juan 1-8 que demuestra que Él es Dios en la carne.

7. No olvide hablar sobre los temas de Juan 7 y 8.

8. Déle a la clase la oportunidad de expresar cómo se sienten acerca de lo que han estudiado hasta el momento. Pídales que formulen cualquier pregunta que deseen. Pregunte si alguien ha llegado a creer en Jesús y a recibirlo como su Señor y Salvador desde que comenzó el estudio. De ser así, déle la oportunidad de que comparta su experiencia.

9. Concluya la lección en oración. Pídales a los que todavía no creen que hablen con claridad y con sinceridad a Dios acerca de ello y que le digan a Él que realmente desean conocer la verdad, porque la verdad libera a las personas.

Sexta semana

1. Pídale a la clase que analice la señal que aparece en Juan 9 utilizando las seis preguntas fundamentales. Escriba los siguientes títulos en la pizarra: **Jesús, El hombre ciego, Sus padres, Los judíos**. Anote todo lo que observe acerca de esas personas, su corazón y sus actitudes hacia Jesús y otras personas.

Al hablar de los judíos, asegúrese de que la clase comprenda que los judíos amenazaron con echar al hombre ciego y a sus padres de la sinagoga. La sinagoga era muy importante para las familias judías, ya que constituía el centro de adoración, el lugar en el que estudiaban la Palabra de Dios. También era un lugar de comunión. El hecho de ser expulsado de la sinagoga equivalía a ser echado de una iglesia, mezquita o templo. Esa acción por parte de los dirigentes religiosos judíos hubiera convertido al hombre ciego y a su familia en parias.

Es importante advertir que, en algunas culturas, los nuevos creyentes son expulsados de sus hogares y apartados de sus cónyuges, familia e hijos. Con frecuencia son perseguidos. En ocasiones, pesan amenazas sobre sus vidas. En ciertas partes del mundo, si una persona se aleja de su religión para abrazar el cristianismo, se la condena a muerte.

Entonces, ¿cuál es el consuelo y la esperanza de los que son rechazados por sus familias, sus amigos, su comunidad y sus líderes religiosos debido a su fe en el Señor Jesucristo? La respuesta se encuentra en las verdades de Juan 10. Por lo tanto, vayamos a ese capítulo.

2. Escriba tres títulos en la pizarra: **El Pastor, Las ovejas, El ladrón.** Luego pídale a la clase que le diga todo lo que aprendieron en Juan 10 acerca de ellos y escriba sus respuestas en la pizarra. (A estas alturas, no se refiera a la sección del libro denominada CARACTE-RÍSTICAS DE LAS OVEJAS. Eso vendrá después).

Mientras habla sobre las maravillosas verdades de Juan 10, sea sensible a sus alumnos y sus opiniones. Hay tantas afirmaciones increíbles en este capítulo que no conviene que los apabulle. Déjelos compartir sus vivencias. Pídale a cada persona que le diga qué versículos le permitieron forjar su opinión. Esto ayudará al grupo a mantenerse fiel a la Palabra de Dios.

3. Hable sobre el porqué Jesús utilizó esa "forma de expresión" (Juan 10:6) al dirigirse a los fariseos (Juan 9:40-41) y cuál fue la reacción de los fariseos.

4. Luego, pídale a la clase que comente con el resto lo que aprendió acerca de la deidad de Cristo.

5. Considere el motivo por el que los judíos querían apedrear a Jesús.

6. Hable acerca de la vida eterna. Al hablar de este tema, concéntrese en el hecho de que nadie puede quitarnos nunca de las manos de Cristo y advierta que escuchamos su voz porque somos sus ovejas. Señale que los que de veras somos sus ovejas viviremos en forma diferente de los que no pertenecen a Él.

7. Trate los temas de Juan 9 y 10.

8. Dé por terminada su clase con una visión general de CARACTERÍSTICAS DE LAS OVEJAS y advierta por qué Dios se refiere a nosotros como ovejas. Pregunte cómo el hecho de saber estas cosas nos puede ayudar en nuestro diario caminar junto al Pastor, el Señor Jesucristo. Trate de que el debate sea lo más práctico y específico posible.

Séptima semana

Dígale a los miembros de la clase que, con esta lección, sus siete semanas de compromiso con este curso han finalizado. No obstante, aliéntelos a continuar, ¡porque todavía falta lo mejor! Si quisieran aprender más sobre qué significa ser un discípulo del Señor Jesucristo y vivir para Él, y finalmente con Él, deberán comprometerse a seis semanas más de estudio. Es un compromiso del que nunca se arrepentirán, porque durante las próximas seis semanas aprenderán cómo vivir en el poder, la paz y el consuelo del Espíritu Santo.

1. Dibuje un mapa de Israel en la pizarra y marque las ciudades principales. Repase los lugares en los que sucedieron los principales acontecimientos que su clase ha estudiado en Juan 1-10, leyendo capítulo por capítulo y observando qué ocurrió y dónde. No olvide dejar tiempo suficiente para hablar sobre Juan 11.

Asegúrese de incluir lo siguiente:

a. Juan 1: Betania; bautismo de Jesús en el río Jordán; Galilea

b. Juan 2: Boda en Caná; Jesús fue a Capernaúm y luego a Jerusalén

c. Juan 3: Nicodemo en Jerusalén

d. Juan 4: Jesús se dirige desde Judea hasta Galilea a través de

Samaria para ministrar a la mujer samaritana junto al pozo de agua

e. Juan 5: Hacia Jerusalén para una fiesta de los judíos

f. Juan 6: Hacia el Mar de Galilea, donde alimenta a los cinco mil

g. Juan 7: Jesús abandona el Mar de Galilea, asciende a Jerusalén para la Fiesta de los Tabernáculos

h. Juan 8: Jesús se dirige al Monte de los Olivos, al Templo (en Jerusalén), donde habla con los judíos, diciéndoles que su testimonio es verdadero

i. Juan 9: Jesús sale del Templo y sana a un hombre que era ciego de nacimiento

j. Juan 10: Jesús pronuncia el discurso acerca de las ovejas y el Pastor en Jerusalén; Fiesta de la Dedicación; Jesús se va para ir más allá del Jordán, lugar donde Juan había estado bautizando primero y se queda un tiempo allí.

k. Juan 11: Jesús se dirige a Judea y visita Betania, el pueblo de María, Marta y Lázaro, a tres kilómetros y medio de Jerusalén.

2. Pregúntele a la clase qué señal milagrosa se realiza en Juan 11. ¿Por qué esta señal es tan importante? ¿Qué indica esta señal acerca de Jesús?

3. Haga una lista de observaciones sobre Juan 11 bajo los siguientes encabezamientos: **Lázaro, María, Marta**.

4. Ahora hágale a la clase las siguientes preguntas:

a. *¿Está Dios ahí?*

b. *¿Le importa usted a Él?*

c. *¿Piensa que Él lo conoce a usted?*

d. *¿Conocía a Lázaro? ¿Qué sabía de Lázaro? Asegúrese de que la clase vea que Jesús no sólo sabía de la enfermedad y muerte de Lázaro,* *sino que Él también sabía que Lázaro resucitaría de entre los muertos. (Mencione que Jesús estaba profundamente conmovido y preocupado por la pena de sus amados y que las personas se dieron cuenta de su amor por Lázaro).*

5. Hable sobre la reacción de los judíos ante la señal que estaba llevando a cabo Jesús y que incluyó la resurrección de Lázaro de entre los muertos. ¿Qué querían que hiciera Jesús? Pregúnteles qué demuestra esto acerca del corazón de esos hombres?

6. Juan 11:54 es un versículo clave de transición en el Evangelio de Juan porque marca el final del ministerio público de Jesús. Haga que la clase observe la primera división en segmentos del PANORAMA DE JUAN y que advierta quiénes son los próximos a los que Jesús ministrará: sus discípulos (seguidores, aprendices).

7. Trate el tema de Juan 11.

8. Dedique tiempo a la oración. Adoren juntos a Dios, agradeciéndole por las diversas verdades que todos aprendieron sobre Él hasta este momento. Aliente a cada persona a que mencione por lo menos algo que haya aprendido sobre el Padre, el Hijo o el Espíritu Santo y pídales a todos que le cuenten a los demás qué ha sucedido en cuanto a su comprensión y sus vidas como resultado de los estudios semanales. Luego pídales que oren los unos por los otros.

Octava semana

1. Lea Juan 12 párrafo por párrafo y anote la esencia de cada uno de ellos en la pizarra. Pregúntele al grupo qué significado tienen estas observaciones para cada uno en forma personal. Por ejemplo:

a. Pregúnteles qué aprendieron acerca de la devoción de María hacia Jesús y la respuesta de Judas. Pregúnteles cómo responderían las personas ante nuestra devoción al Señor.

b. Hable acerca de cuando Jesús cabalgó en un asno al dirigirse hacia Jerusalén para ser coronado Rey. ¿Le dijo Jesús a la multitud que estaban equivocados? ¿Qué indica su respuesta a esta aclamación? ¿Qué significaba para ellos que Él fuera Rey y cómo influía en su relación con Él?

c. Cuando llegue al pasaje acerca de "un grano de trigo", observen la ilustración y qué significa personalmente para cada uno de los integrantes del grupo respecto de su vida en Cristo.

d. Tome Juan 12:27-50 como una sola unidad para que tenga tiempo para Juan 13. En esta última parte de Juan 12, hable del propósito de Jesús al venir a la tierra. Señale que a través de la muerte de Jesús por nuestros pecados, se vence el poder de Satanás y, por lo tanto, "el que gobierna este mundo será lanzado fuera".

Lea Efesios 2:1-3, donde vemos el poder de Satanás sobre nuestra vida antes de recibir a Jesucristo. Es importante saber que el poder de Satanás fue destruido, porque algunas personas viven con mucho temor a Satanás y a sus demonios. Deben comprender que Dios no nos ha dado un espíritu de temor, sino de poder, amor y una mente lúcida; una mente que está bajo control (2 Timoteo 1:7).

Además, hablen del contraste entre la luz y las tinieblas y sobre qué sucede cuando creemos. Ayúde a la clase para que vea que negarse a seguir lo que dice Jesús es rechazarlo a Él. Acláreles que si dicen que creen en Jesús, entonces también deben creer en la Palabra de Dios.

2. Hable acerca de lo que sucedió en Juan 13 cuando Jesús y sus discípulos celebraban la Pascua judía.

a. Analice este pasaje con mucha atención, utilizando las seis preguntas fundamentales. Hable de todo lo que hizo Jesús, incluso el motivo por el que lavó los pies de los discípulos. ¿Qué nos dice su ejemplo acerca de cómo debemos vivir? ¿Cómo pueden saber los demás que nosotros somos discípulos de Jesús?

b. Hable sobre la traición de Judas al Señor Jesucristo. Dígale a la clase que lea Juan 2:24-25; 6-64. ¿Podemos ocultarle cosas en nuestro corazón a Dios? ¿Qué significado personal tiene esta verdad para nosotros? ¿Qué debiéramos hacer cuando nos vemos tentados a ocultar cosas en nuestro corazón que no deben estar allí?

c. Analice la promesa de Pedro a Jesús y la respuesta de Jesús.

3. Hable acerca de los temas de Juan 12 y 13.

4. Por último, déle a la clase la oportunidad de compartir qué significado tuvo para la mayoría la lección de esta semana. Pregúnteles si tienen alguna pregunta, si hay algo que quieran compartir o si hay algo sobre lo que desean que la clase ore.

Novena semana

¡Juan 14 y 15 son dos capítulos maravillosos! Pídale al Espíritu Santo que le muestre la forma más eficaz de conducir esta clase. Yo le daré algunas sugerencias, pero deje que sea Dios quien lo guíe. Simplemente esté seguro de abarcar el contenido de estos capítulos. El Espíritu Santo le mostrará en qué lugares debe colocar el acento.

1. Escriba tres encabezamientos de columnas en la pizarra: **El Padre, El Hijo, El Espíritu Santo**. Dígale a la clase que comparta con el resto todo lo que han aprendido en Juan 14 y 15 acerca de cada persona de la Trinidad, y haga una lista colocando sus observaciones en las columnas correspondientes.

a. Puesto que esta es la primera vez que observa en el Evangelio de Juan tanta información sobre el Espíritu Santo, asegúrese de utilizar las seis preguntas fundamentales. Advierta **quién** es el Espíritu, **cómo** se lo describe, **qué** hace, **qué** nombre recibe, **dónde** está y **cómo** le responde el mundo a Él cuando viene.

b. Al observar cada persona de la Trinidad, preste atención a qué da o qué promete cada una de ellas.

c. Luego de observar y hablar sobre cada persona de la Trinidad, hable acerca de qué significado tienen estas verdades en forma individual para las personas que integran la clase. ¿Cómo el hecho de conocer estas verdades podría afectar o cambiar la forma en que viven?

2. Dígale a la clase que lea Juan 15:16 en voz alta. Resalte el hecho de que *Dios* los ha escogido a ellos. ¡Qué honor, qué consuelo, qué bendición y qué privilegio! A estas alturas, probablemente desee que la clase le agradezca a Dios por esta maravillosa verdad y por la promesa de que todo lo que pidamos en su nombre (según su carácter y propósito), Él lo hará. ¡Qué fabuloso!

3. Compare Juan 15:7 con 15:6. Mencione cuán importante es que sus palabras permanezcan (estén en su hogar) en nosotros y que nosotros permanezcamos en ellas. Señale que por eso es importante que estudiemos la Biblia de manera sistemática.

4. Escriba tres encabezamientos en la pizarra: **La vid, El labrador, Los pámpanos**. Revise qué descubrió la clase en la alegoría de la vid y los pámpanos. Haga una lista con sus observaciones.

Hable del significado de permanecer en Jesús, y aplique esa información a los once discípulos y a Judas. Judas pronto traicionará a Jesús. Hable también del hecho de que Pedro negaría a Jesús, pero no lo traicionaría, y que regresaría para servir al Señor y, finalmente, morir por Él. En Juan 21 Jesús predice la muerte de Pedro. Durante nuestra última semana juntos, estudiaremos ese capítulo.

5. Pídale a la clase que intercambie ideas sobre los temas de Juan 14 y 15.

6. Nuevamente, déle al grupo la oportunidad de compartir qué les está sucediendo personalmente por formar parte de estos estudios semanales. Si el Señor le guía a hacerlo, déles la oportunidad de orar y de decirle a Dios que creen en el Señor Jesucristo, que quieren seguirlo como sus discípulos y que desean que el Espíritu Santo viva dentro de ellos como su consolador, fuente de ayuda y guía.

Nota especial: Debido a que el tema que trataremos la próxima semana se basará en lo estudiado esta semana, deberá guardar todas las observaciones realizadas en clase sobre **El Padre, El Hijo, El Espíritu Santo.** Vuelva a colocar la información en la pizarra antes de dar inicio al estudio de la semana próxima. Luego, cuando la clase comparta lo que han aprendido acerca de cada persona de la Trinidad en Juan 16, contará con una lista completa que incluirá tanto a Juan 15 como a Juan 16.

Décima semana

Antes de que llegue su grupo, escriba en la pizarra las observaciones que se compartieron durante la última semana bajo los títulos **El Padre, El Hijo, El Espíritu Santo.**

1. Trate y escriba en la pizarra las observaciones realizadas sobre Juan 16 acerca del Padre, el Hijo y el Espíritu Santo.

2. Luego, pídale al grupo que se remitan a Juan 1-14 y que expresen toda observación adicional que realizaron sobre el Espíritu Santo. Agréguelas a la lista de la pizarra.

3. Pregúntele a la clase qué aprendieron en Juan 14-16 sobre los que vienen al Padre a través del Hijo. Asegúrese de hablar del costo de seguir a Jesús. Pregunte cómo responderá el mundo a los que sigan a Jesús, según Juan 15:17-25. Hable también acerca de cómo preparó Jesús a sus discípulos para la tribulación en Juan 16. Hable sobre la importancia de amarse unos a otros.

4. ¿Cómo se aplican a la vida diaria las cosas que acaban de tratarse en el punto tres? Asegúrese de que las aplicaciones sean de orden práctico.

5. Hable del tema de Juan 16.

6. Aliente a sus alumnos a hablar acerca de la tribulación que puedan enfrentar, hayan enfrentado o estén enfrentando en este momento. Pídales que hablen tanto de sus temores como de sus

victorias, y luego oren unos por otros. Recuerde, querido líder, que el amor es la clave. Pídale a Dios que lo llene de amor por sus alumnos, un amor que comprende mucho más que palabras.

Decimoprimera semana

Mientras estudien Juan 17 durante esta semana, recuérdeles a sus alumnos que esa oración les revela el corazón de Dios. (Haga que todos se concentren en el versículo 20 para que vean que Juan está allí para ellos, al igual que los discípulos). Al conducir la charla, haga que el grupo comente con los demás su opinión acerca de cómo esta oración afirma que Dios esta allí, que se preocupa y que Él los conoce.

1. Haga una lista en la pizarra que contenga todas las observaciones que el grupo haya dado acerca de la oración para los once discípulos y para todas las personas que crean en Jesús a través de sus palabras.

2. Trate el ejemplo de Jesús y hable acerca de cómo puede la clase ser un modelo de esto en sus propias vidas. Puesto que la lectura de la oración de Jesús a sus amados tiene tanto significado para nosotros, sugiérales que escriban una oración, en forma individual, para sus seres queridos. Tal vez no deseen mostrar qué escribieron, ¡pero podría ser un maravilloso legado!

3. ¿Qué aprendió el grupo en Juan 17 acerca de la importancia de la Palabra de Dios? Pregúnteles cuál piensan que es la conexión del maligno (Satanás) con el mundo. ¿Qué les dice este capítulo acerca del maligno? ¿Cuál es su responsabilidad? Pregúnteles a los miembros de la clase si tienen cuidado al relacionarse con otras personas y si lo mismo se aplica a lo que ven, oyen, escuchan y creen. Asegúreles que si se mantienen dentro de la Palabra de Dios y que han decidido en su corazón obedecerla, no tendrán nada qué temer del mundo ni del maligno.

4. Asegúrese de preguntarles cuál es el tema de Juan 17.

Duodécima semana

Comience con una oración y pídale al Espíritu Santo que les muestre a cada uno algo del profundo amor que Dios siente por ellos.

También, pídale que les muestre a todos lo que soportó Jesús para pagar por los pecados de ellos y por los pecados de toda la humanidad.

1. Juan 18 y 19 son dos capítulos maravillosos que narran el arresto, el juicio y la crucifixión de nuestro Señor. Lea los capítulos párrafo por párrafo. Trate con detenimiento qué sucede en cada párrafo, y haga una lista de estas observaciones en la pizarra.

2. Pídale al grupo que piense acerca de las diversas personas que conocieron a Jesús. Hable sobre cómo interactuaron con Él y cómo Él les respondió. Pregúnteles a los alumnos qué están aprendiendo sobre Jesús, sobre las personas y sobre cómo responder a los demás.

3. Hable acerca de qué aprendió la clase por el hecho de haber marcado pecado, verdad, Rey y reino.

4. Trate los temas de Juan 18 y 19.

5. Concluya el debate con una oración. Pídale a cada una de las personas que agradezca a Dios por una verdad que les haya impactado profundamente de Juan 18 ó 19. Dígales que si quieren recibir al Señor Jesucristo como su Salvador, pueden orar a Dios y decirle que ellos creen y que quieren ser sus hijos y vivir con Él para siempre. Los que ya lo conocen quizás quieran orar y reafirmar su compromiso de continuar buscando la santidad de modo que sus vidas lo complazcan a Él.

Decimotercera semana

La resurrección corporal de nuestro Señor Jesucristo es una parte esencial del evangelio, de las buenas noticias de la salvación a través de la fe en Jesucristo. Esta realidad es exclusiva del cristianismo. Ninguna otra religión tiene un Salvador que fue como sus seguidores, murió por los pecados de ellos y luego resucitó de entre los muertos prometiendo el perdón de los pecados y la vida eterna a los que creyeran. Puesto que la resurrección es la piedra fundamental de nuestra fe, déle tiempo suficiente a la clase para hablar de los hechos referentes a la resurrección de Jesús.

Antes de comenzar, escriba dos encabezamientos en la pizarra: **Juan 20** y **1 Corintios 15**.

1. Analice lo aprendido en Juan 20 utilizando las seis preguntas fundamentales y escriba todos los acontecimientos en la pizarra bajo el título correspondiente. Además, pregúntele a la clase de qué manera Juan 21 comprueba la resurrección.

2. Haga que la clase lea 1 Corintios 15:1-8 y destaque las verdades que aprendieron acerca de la resurrección. Anote los acontecimientos debajo del título correspondiente.

3. Trace líneas para conectar las verdades que aparecen bajo **Juan 20** con las equivalentes de **1 Corintios 15**.

4. ¿Cómo puede la clase advertir que la resurrección es una señal? Compare esa señal con la señal de Juan 11. ¿Qué hace que la resurrección de Jesús sea una señal más importante que la señal de Lázaro resucitado de entre los muertos? ¿Jesús volvió a morir? No, pero Lázaro sí.

a. Haga que el grupo busque Juan 5:24 y Juan 6:39-40 y que los lean en voz alta. ¿Cuál es la promesa para los que creemos?

b. ¿Qué ocurre con los que no creen? Dígale a sus alumnos que lean Juan 3:36. Los que no creen mueren dos veces. Vivieron una vez, pero fue una vida de muerte porque estaban muertos en sus ofensas y pecados. Creyeron en el padre de las mentiras, el diablo, que es un asesino, en lugar de creer en quien dio su vida por ellos. Por lo tanto, mueren dos veces. ¡Qué tristeza!

5. Ahora, conduzca a su clase a ese maravilloso capítulo final de Juan y hable sobre los acontecimientos que sucedieron allí.

6. Haga una lista en la pizarra acerca de qué aprendió la clase sobre Jesús, Pedro, las ovejas de Jesús y Juan.

a. Al observar a Pedro, advierta con atención cómo lo trató

Jesús. Él no lo rechazó a Pedro, sino que lo llamó para que se hiciera cargo de sus ovejas.

b. Observe la preocupación de Pedro acerca de Juan y cómo le respondió Jesús a Pedro. ¿Debemos estar preocupados por lo que les sucede a otros cristianos y compararnos con ellos? No, debemos seguir a Jesucristo hasta la muerte. Pregúntele a la clase cuán comprometidos están en seguir a Jesús.

Asegúrele a los alumnos que ningún hombre puede quitarles la vida. No pueden morir hasta que el Señor Jesucristo esté preparado para llevarlos a su hogar. Hable sobre lo que han aprendido en esta lección sobre los que mueren como cristianos.

7. Trate los temas de Juan 20 y 21.

8. Pregúntele a la clase cómo vivirán a la luz de las verdades que han aprendido en Juan 20-21 y en todo el libro de Juan.

9. Por último, cierre la sesión con un momento de oración. Dígales a todos cuánto aprecia la fidelidad que han tenido para terminar este curso. Si hay alguien que todavía no cree, siga orando por él, pues sólo Dios puede salvarlo. Recuerde que Jesús no pierde a ninguna de sus ovejas.

Mis bendiciones para usted, precioso hijo de Dios, por conducir este estudio. Pregúntele a Dios qué desea que haga a continuación. Recuerde que usted es hechura suya, creado en Cristo Jesús para buenas obras, las cuales Dios preparó de antemano para que anduviese en ellas (Efesios 2:10). Sin que importe lo que hagan los demás, usted siga a Jesucristo . . . y sólo a Él.